서원노비의
삶

서원노비의 삶

초판 1쇄 인쇄 2024년 11월 18일
초판 1쇄 발행 2024년 12월 2일
—

기 획 한국국학진흥원
지은이 김영나
펴낸이 이방원

책임편집 정조연   **책임디자인** 박혜옥
마케팅 최성수·김 준   **경영지원** 이병은
—

펴낸곳 세창출판사
　　신고번호 제1990-000013호   주소 03736 서울특별시 서대문구 경기대로 58 경기빌딩 602호
　　전화 02-723-8660   팩스 02-720-4579   **이메일** edit@sechangpub.co.kr   **홈페이지** http://www.sechangpub.co.kr
　　블로그 blog.naver.com/scpc1992   **페이스북** fb.me/Sechangofficial   **인스타그램** @sechang_official
—

ISBN 979-11-6684-374-7   94910
　　　　979-11-6684-164-4   (세트)

© 한국국학진흥원 인문융합본부, 문화체육관광부

서원노비의 삶

김영나 지음
한국국학진흥원 기획

세창출판사

한국국학진흥원에서는 2022년부터 문화체육관광부의 지원으로 전통생활사총서 사업을 기획하였다. 매년 생활사 전문 연구진 20명을 섭외하여 총서를 간행하기로 했다. 지난해에 20종의 총서를 처음으로 선보였다. 전통시대의 생활문화를 대중에 널리 알리기 위한 여정은 계속되어 올해도 20권의 총서를 발간하였다.

한국국학진흥원은 국내에서 가장 많은 약 65만 점에 이르는 민간기록물을 소장하고 있는 기관이다. 대표적인 민간기록물로 일기와 고문서가 있다. 일기는 당시 사람들의 일상을 세밀하게 이해할 수 있는 생활사의 핵심 자료이고, 고문서는 당시 사람들의 경제 활동이나 공동체 운영 등 사회경제상을 이해할 수 있는 자료이다.

한국의 역사는 '조선왕조실록'이나 '승정원일기'와 같이 세계적으로 자랑할 만한 국가기록물의 존재로 인해 중앙을 중심으로 이해되어 왔다. 반면 민간의 일상생활에 대한 이해나 연구는 관심을 덜 받았다. 다행히 한국국학진흥원은 일찍부터 민간에 소장되어 소실 위기에 처한 자료들을 수집하고 보존처리를 통해 관리해 왔다. 또한 이들 자료를 번역하고 연구하여 대중에 공개했다. 이러한 민간기록물을 활용하고 일반에 기여할 수 있는 방법으로 '전통시대 생활상'을 대중서로 집필하여 생생하게 재현하여 전달하고자 했다. 일반인이 쉽게 읽을 수 있는 교양학술총서를 간행한 이유이다.

총서 간행을 위해 일찍부터 생활사의 세부 주제를 발굴하는 전문가 자문회의를 개최하고, 전통시대 한국의 생활문화를 가장 잘 구현할 수 있는 핵심 키워드를 선정하였다. 전통생활사 분류는 인간의 생활을 규정하는 기본 분류인 정치, 경제, 사회, 문화로 지정하였다. 이를 기반으로 매년 각 분야에서 핵심적인 키워드를 선정하여 집필 주제를 정했다. 이번 총서의 키워드는 정치는 '과거 준비와 풍광', 경제는 '국가경제와 민생', 사회는 '소외된 사람들의 삶', 문화는 '교육과 전승'이다.

각 분야마다 5명의 집필진을 해당 어젠다의 전공자로 구성하였다. 어디서나 간단히 들고 다니며 쉽게 읽을 수 있도록 최대한 이야기체 형식으로 서술해 달라고 부탁하였다. 다양한 사례의 풍부한 제시와 전문연구자의 시각이 담겨 있어 전문성도 담보할 수 있는 것이 본 총서의 매력이다.

전문적인 서술로 대중을 만족시키기는 매우 어렵다. 원고

의뢰 이후 5월과 8월에는 각 분야의 전공자를 토론자로 초청하여 2차례의 포럼을 진행하였다. 11월에는 완성된 초고를 바탕으로 1박 2일에 걸친 대규모 학술대회를 개최하였다. 포럼과 학술대회를 바탕으로 원고의 방향과 내용을 점검하는 시간을 가졌다. 원고 수합 이후에는 각 책마다 전문가 3인의 심사의견을 받았다. 2024년에는 출판사를 선정하여 수차례의 교정과 교열을 진행했다. 책이 나오기까지 꼬박 2년의 기간이었다. 짧다면 짧은 기간이다. 그러나 2년의 응축된 시간 동안 꾸준히 검토 과정을 거쳤고, 토론과 교정을 통해 원고의 완성도를 높이기 위해 분주히 노력했다.

전통생활사총서는 국내에서 간행하는 생활사총서로는 가장 방대한 규모이다. 국내에서 전통생활사를 연구하는 학자 대부분을 포함하였다. 2023년도 한 해의 관계자만 연인원 132명에 달하는 명실공히 국내 최대 규모의 생활사 프로젝트이다.

1990년대 이후 폭발적으로 증가했던 일상생활사와 미시사 연구에 대한 학계의 관심이 근래에는 소홀해진 상황이다. 본 총서의 발간이 생활사 연구에 활력을 불어넣는 계기가 되기를 기대한다. 연구의 활성화는 연구자의 양적 증가로 이어지고, 연구의 질적 향상 또한 이끌 것이다. 그렇게 된다면 전통문화에 대한 대중들의 관심 역시 증가할 것으로 기대한다.

본 총서는 한국국학진흥원의 연구 역량을 집적하고 이를 대중에게 소개하기 위해 기획된 대표적인 사업의 하나이다. 참여한 연구자의 대다수가 전통시대 전공자이며 앞으로 수년간 지속적인 간행을 준비하고 있다. 올해에도 20명의 새로운 집필자가 각 어젠다를 중심으로 집필에 들어갔고, 내년에 또 20권의 책이 간행될 예정이다. 앞으로 계획된 총서만 100권에 달하며, 여건이 허락되는 한 지속할 예정이다.

　　대규모 생활사총서 사업을 지원해 준 문화체육관광부에 감사하며, 본 기획이 가능하게 된 것은 한국국학진흥원에 자료를 기탁해 준 분들 덕분이다. 다시 감사드린다. 아울러 총서 간행에 참여한 집필자, 토론자, 자문위원 등 연구자분들께도 감사인사를 전한다. 책의 편집을 책임진 세창출판사에도 감사드린다. 이 모든 과정은 한국국학진흥원 여러 구성원의 노력이 있었기에 가능했다.

2024년 11월
한국국학진흥원 인문융합본부

차례

조선의 신분제는 양인과 천인으로 구성된 양천제_{良賤制}였다. 신분에 따라 하는 일이 다르고, 생활 방식에도 차이가 있었다. 신분상으로 양인이면서 사회 통념적으로 가장 높은 계층인 양반_{兩班}에 대해서는 다양한 방면으로 연구가 진행되고 있다. 그러나 사회의 가장 최하층인 천인 중 노비에 대해서는 단지 국가나 양반에 예속되어 있는 존재이자 차별받고 천대받는 존재로 알고 있는 경우가 많았다.

그렇지만 국가와 양반에게는 노비가 반드시 필요하였다. 고대 사회에서는 전쟁 포로나 죄인이 노비가 되었으나, 대를 이어서 세습되었고, 하나의 신분으로 자리 잡았다. 소속으로 노비를 구분한다면, 국가 혹은 공공기관에 소속되어 있는 공노비_{公奴婢}와 개인에게 소속된 사노비_{私奴婢}로 나눌 수 있다. 공노비는 다시 왕실 재정 기관인 내수사에 속한 내노비_{內奴婢}, 중앙 관청에 소속된 시노비_{寺奴婢}, 지방 관청에 소속된 관노비_{官奴婢}, 역에 소속된 역노비_{驛奴婢}, 향교에 소속된 교노비_{校奴婢} 등으로 구분할 수 있다. 사노비는 개인의 재산이었기에, 자녀들에게 상속해 주거나, 사고팔거나, 선물하는 것도 가능하였다.

노비는 원래 '일천즉천一賤則賤'으로 한 번 노비가 되면 후손들은 대를 이어서 노비가 되었다. 여기에서 '노'는 남자 종, '비'는 여자 종을 의미한다. 노비의 부모 중 어느 한 쪽이 다른 신분과 혼인하더라도 그 자녀는 모두 노비가 되었다. 그렇지만 공노비나 주인과 따로 사는 사노비는 주인과 함께 사는 사노비보다 자유로웠고, 자신의 재산을 소유할 수 있었으며, 노비 신분에서 벗어나기도 하였다. 공노비는 주로 법전 등을 통해서, 사노비는 양반이 남긴 일기나 분재기, 호구단자 등을 통해서 그 성격을 알 수 있다.

이 글의 주인공인 서원노비는 조선 양반의 주요 활동 기반이자 사족 공론의 중심지였던 서원에 속한 노비로, 1550년 소수서원이 사액되면서 그 존재가 나타났다. 처음에는 서원을 설립하는 과정에서 논의를 주도했던 사람들이나 제향자의 내·외손 및 문인들이 자신의 노비를 기부하였고, 사액서원의 경우에는 국가나 관청에서 노비를 지원해 주었다. 그렇지만 지방관이 교체되면 다시 관청으로 돌아가는 경우도 있었다. 이에 노비가 다시 환속되는 것을 막기 위해 서원에서는 상언上言 등의 문서를 올려서 서원 소속의 노비라는 것을 증명하였다. 지방관이 서원에 노비를 내려 줄 때에는 반드시 조정에 보고하였기에, 서원의 입장에서는 지방관과의 관계에 따라 서원노비의 확보 여부가 결정되었다.

한편 서원 자체의 노력으로 노비를 확보하기도 하였다. 서원노비의 혼인에 개입하여 그들의 자녀를 서원노비로 삼았고, 다른 소속의 노비를 구입하여 서원노비로 소속을 바꾸는 경우도 있었다. 서원노비의 운영 방식은 사족이 사노비를 운영하는 방식과 비슷했지만, 서원 운영자들이 공동으로 관리하였기 때문에 한 사람이 마음대로 노비를 부릴 수 없게 하였다. 이처럼 서원노비는 공노비의 성격과 사노비의 성격을 모두 가지고 있었지만, 이들에 대해서는 구체적으로 알 수 없었다.

따라서 이 글에서는 영주 소수서원紹修書院, 안동 병산서원屏山書院, 달성 도동서원道東書院, 경주 옥산서원玉山書院, 안동 도산서원陶山書院, 상주 도남서원道南書院(창건연도순)에 남아 있는 서원노비와 관련한 여러 자료를 통해 서원노비가 어디에서 살았는지, 무슨 일을 했는지, 누구와 혼인을 하였고 가족은 어떠하였는지 등 그들의 삶을 구체적으로 살펴보기로 하겠다.

서원노비와 관련된
자료 및 노비의 규모

서원노비에 대한 구체적인 내용을 파악하기 전에 서원노비
의 정보를 알 수 있는 자료들은 어떤 것들이 있는지 파악하고,
여러 서원에 소속된 노비의 규모는 어느 정도인지 알아보겠다.

　　소수서원은 조선 최초의 서원이다. 1543년(중종 38) 백운동
서원으로 창건되었고, 1550년(명종 5) '소수서원'으로 사액을 받
았다. 안향安珦·안축安軸·안보安輔를 제향하였고, 1633년(인조 11)
에는 주세붕周世鵬을 추향하였다. 노비 관련 자료는 1677·1762·
1783년의 노비안奴婢案이 남아 있다. 노비안은 노비 본인과 배
우자, 자녀, 나이, 거주 지역 등에 대한 각종 정보를 적은 장부
로, 대체로 원비(서원 여자종)를 중심으로 가족을 기록하였다. 이
글의 분석 대상 서원에는 모두 노비안이 있었다.

그림 1 영주 소수서원, © Jjw, 위키피디아에서 전재

그림 2 안동 병산서원 드론 사진, 한국국학진흥원 제공

그림 3 달성 도동서원 전경, 한국민족문화대백과사전에서 전재

병산서원은 1563년(명종 18) 풍악서당豐岳書堂에서 출발하였다. 1572년(선조 5) 서원이 되었고, 류성룡柳成龍과 그의 아들 류진柳袗을 제향하였으며, 1863년(철종 14) 사액을 받았다. 조선의 서원 중 가장 늦게 사액을 받았지만 도산서원, 옥산서원과 함께 영남의 대표적인 서원으로 인식되었다. 병산서원 노비안은 17세기 4건, 18세기 4건, 19세기 2건, 총 10건이 있었다.

도동서원은 현풍에서 가장 먼저 창건된 서원으로, 1568년(선조 1) 쌍계서원雙溪書院으로 건립되었다. 1604년(선조 37) 중건되었으며, 1607년(선조 40) '도동서원'으로 사액을 받았다. 김굉필金宏

▨을 모셨고, 1678년(숙종 4) 정구鄭球를 추가 배향하였다. 도동서원 노비안은 1건이 있는데, 그 안에 17세기 초에서 1702년까지 12년의 내용이 있다.

옥산서원은 1572년(선조 5) 이언적李彦迪을 위해 후손들과 지역 사족, 지방관들이 중심이 되어 경주에 창건하였고, 1574년(선조 7) 사액을 받았다. 이 서원 역시 영남을 대표하는 서원 중 하나이다. 옥산서원 노비와 관련한 자료는 총 14건이 있는데, 노비안은 16세기 1건, 17세기 1건, 18세기 4건, 총 6건이 있고, 호구단자 및 준호구는 17세기 1건, 18세기 6건, 19세기 1건, 총

그림 4 경주 옥산서원, 국가유산청 국가유산포털에서 전재

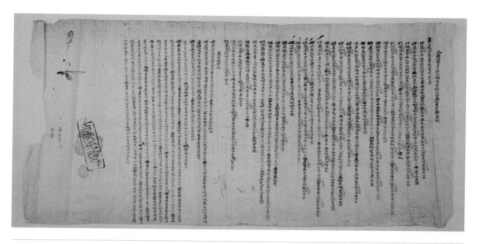

그림5 1789년 옥산서원 호구단자 일부, 한국국학진흥원 제공

8건이 있었다. 호구단자는 호주戶主가 본인의 가족 상황을 정리하여 관에 올린 문서이고, 준호구는 대체로 백성들의 요구에 의해 관에 있는 호적대장에서 해당 호의 상황을 베껴서 발급해 주는 문서이다. 옥산서원에서는 서원의 수노首奴가 서원 소속 노비들을 정리하여 관에 제출하였기에 서원노비에 대해 파악할 수 있었다.

도산서원은 1574년 이황의 학덕을 추모하는 문인들과 지역의 사족들이 중심이 되어 예안에 창건하였고, 1575년(선조 8) 사액을 받았으며, 1615년(광해 7) 조목을 종향하였다. 17세기 이후 도산서원은 이황의 영향력으로 전국적으로 위상이 상당히 높았다.

그림 6 안동 도산서원 드론 사진, 한국국학진흥원 제공

　　도산서원 노비와 관련한 자료는 크게 두 가지가 있는데, 노
비안과 신공안身貢案이다. 노비안은 18세기 9건, 19세기 5건, 총
14건이 있었다. 신공안은 노비가 사는 지역과 노비 이름, 주인
에게 제출한 신공 물품과 분량을 기록한 장부로, 17세기 1건,
18세기 2건, 19세기 1건, 총 4건이 있었다. 분석 대상 서원 중 노
비와 관련된 자료가 가장 많았다.

　　도남서원은 1606년 상주에서 창건되었다. 정몽주, 김굉
필, 정여창, 이언적, 이황을 제향하였고, 1617년(광해 9) 노수신,
1631년(인조 9) 류성룡, 1636년(인조 14) 정경세를 추향하였으며,

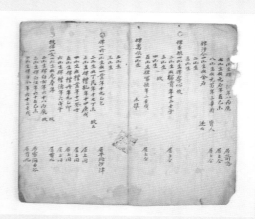

그림 7 1743년 도산서원 노비안 표지 및 내용 일부, 한국국학진흥원 제공

그림 8 1765년 도산서원 신공안 표지 및 내용 일부, 한국국학진흥원 제공

그림 9 상주 도남서원 중 일관당 좌측면, 한국민족문화대백과사전에서 전재

그림 10 1807·1829·1838년 도남서원 노비안 표지 및 내용 일부, 상주박물관 제공

1676년(숙종 2) 사액을 받았다.

도남서원 노비 관련 자료인 노비안은 18세기에 3건이 있고, 19세기는 하나의 노비안에 세 해의 내용이 묶여 있었다. 다른 서원의 노비안과는 달리 족보 형식으로 기재되어서 노비 가족의 관계를 더 자세히 추적할 수 있었다.

각 서원의 노비 수는 시기에 따라 차이가 있었는데, 가장 적었던 시기와 가장 많았던 시기의 인원은 다음과 같다.

서원명	연도	원노	원비	성별 미상	도합
소수서원	1677	50	84	0	134
	1762	164	207	11	382
병산서원	1853	37	29	0	66
	1750	91	100	16	207
도동서원	17세기 초	1	0	7	8
	1702	70	69	0	139
옥산서원	1578	2	15	0	17
	1723	115	60	0	175
도산서원	1737	45	50	0	95
	1747	517	569	119	1,205
	1861	215	213	18	446
도남서원	1828	848	751	92	1,691
	1838	28	30	0	58
	1771	224	195	12	431

(단위: 명)

표1 각 서원의 노비가 가장 적었던 시기와 가장 많았던 시기의 인원

서원노비는 원노와 원비로 구분할 수 있는데, 원노는 남자, 원비는 여자이다. 소수서원에는 1677년에 원노 50명, 원비 84명, 도합 134명으로 가장 적은 노비가 있었고, 100년 가까이 지난 1762년에는 원노 164명, 원비 207명, 성별 미상 11명, 도합 382명으로 소유한 노비가 3배 정도 증가하였다.

　　병산서원에는 19세기 중반인 1853년에 원노 37명, 원비 29명, 도합 66명으로 가장 적은 노비가 있었고, 100여 년 앞선 1750년에는 원노 91명, 원비 100명, 성별 미상 16명, 도합 207명으로 가장 많았다. 18세기 중반에 가장 많은 노비가 있었고, 19세기 중반에 3분의 1 정도로 줄어들었다.

　　도동서원에는 17세기 초에 원노 1명, 원비 7명, 도합 8명으로 가장 적은 노비가 있었고, 100년 정도 지난 1702년에는 원노 70명, 원비 69명, 도합 139명으로 가장 많았다. 100여 년 사이에 17배 정도 증가하였다. 이 서원의 노비안은 1702년 이후로는 남아 있지 않아서 이후의 상황을 알 수 없지만 다른 서원을 통해 노비가 점차 늘어났다고 짐작해 볼 수 있다.

　　옥산서원에는 1578년에 원노 2명, 원비 15명, 도합 17명으로 가장 적은 노비가 있었고, 200여 년 정도 지난 1723년에는 원노 115명, 원비 60명, 도합 175명으로 가장 많았다. 200년 사이에 노비가 10배 정도 증가하였다. 옥산서원 노비 관련 자료는 1801년까지 남아 있는데, 이 당시는 원노 33명, 원비 32명, 도합 65명으로 1723년보다 100명 이상 줄어들었다. 즉 서원 건립 초반에는 10여 명의 노비가 있다가 18세기에 가장 많아졌고, 19세기에 다시 줄어드는 양상을 보였다.

도산서원에는 노비 관련 자료가 19건으로 다른 서원보다 훨씬 많고, 작성 시기도 17-19세기 중반 이후까지로 다른 서원보다 길었다. 따라서 이 서원은 18세기와 19세기를 나누어 노비의 규모를 살펴보았다. 18세기에는 1737년에 원노 45명, 원비 50명, 도합 95명으로 가장 적었고, 10년 후인 1747년에는 원노 517명, 원비 569명, 성별 미상 119명, 도합 1,205명으로 가장 많았다. 19세기에는 1828년에 원노 848명, 원비 751명, 성별 미상 92명, 도합 1,691명으로 가장 많았고, 마지막 노비안인 1861년에는 원노 215명, 원비 213명, 성별 미상 18명, 도합 446명으로 가장 적었다. 19세기의 자료가 남아 있는 다른 서원의 노비와 비교해 보면 도산서원의 노비는 다른 서원보다 월등하게 많지만 차츰 줄어들고 있었다.

도남서원은 1838년에 원노 28명, 원비 30명, 도합 58명으로 노비의 수가 가장 적었고, 1771년에는 원노 224명, 원비 195명, 성별 미상 12명, 도합 431명으로 가장 많았다. 1771년까지 노비의 수가 계속 증가해 18세기에 가장 많았다가 19세기에 8분의

1 정도까지 줄어들었다.

 이처럼 각 서원의 노비 수를 살펴본 결과, 대체로 17세기보다 18세기에 증가하였고, 심지어 수백 명이 있는 서원들도 있었다. 18세기에 서원노비가 증가한 원인은 국가나 다른 기관 소속 노비들이 서원에 소속되었거나 서원에서 노비를 샀기 때문일 수도 있다. 또한 뒤에서 살펴보겠지만 서원노비는 혼인으로 태어난 자녀를 통해서도 늘어났다. 18세기에 가장 많은 노비가 있었다가 19세기를 지나면서 줄어들었는데, 서원에 따라 줄어드는 시기가 조금씩 달랐다. 19세기에 서원의 노비 수가 줄어든 요인은 법적으로는 1801년의 공노비 해방 및 노비의 신분 상승, 노비제의 변화와 연관이 있고, 지역적으로는 서원의 영향력이 차츰 약해졌기 때문이다.

 특이한 점은 도산서원의 노비 수가 다른 서원보다 많게는 10배 정도 차이가 난다는 것이다. 대체로 다른 서원에는 노비가 100여 명에서 많게는 400여 명이 있었는데, 도산서원만 비슷한 시기에 1,000명이 넘었다. 도산서원의 노비 기술 방식도 다른 서원과 달랐다. 다른 서원의 경우, 노비의 정보는 보통 부모 자녀의 성별과 이름, 나이, 거주 지역 순서로 적었으나, 도산서원에서는 노비를 지역별로 나누고 그 안에서 가족별로 기재하였다. 이는 노비를 효율적으로 관리하기 위함이었다.

서원노비들은 초기에는 대체로 국가나 관청, 양반들이 지원해 주면서 형성되었고, 이후 서원에서 노비를 사거나, 다른 기관 소속의 노비를 데리고 오거나, 혼인 등으로 차츰 증가하였다. 대체로 18세기 중반까지는 노비가 증가하다가 19세기부터 차츰 줄어들었다.

2

서원노비는
어디에서 살았을까?

거주한 지역

　노비는 거주하는 지역에 따라 솔거노비와 외거노비로 나뉜다. 보통 주인과 함께 거주하는 노비는 솔거노비, 주인과 따로 거주하는 노비는 외거노비라고 하는데, 솔거노비라 해도 모두 주인과 함께 거주하는 것은 불가능하므로 주인집 근처에 살면서 노동력을 제공하는 경우가 많았다. 외거노비는 주인과 다른 지역에 살면서 주인의 땅이나 자신의 땅을 농사지으면서 신공을 납부하였다.

　공노비 중 시노비는 신공만 납부하여 거주 지역에 제한이 없었고, 관노비는 노동력을 제공하였기에 관청을 중심으로 집

단적으로 거주하였다. 내노비는 궁궐 안의 일이나 내수사 소유의 농장을 경작·관리하였기에 이와 관련한 일을 하기에 적합한 지역에 거주하였다. 역노비 역시 역에서 말을 관리하거나 신공을 냈기 때문에 역 주변이나 다른 지역에 거주하였다. 이처럼 공노비는 소속에 따라 거주 지역이 달랐다. 사노비는 17세기까지는 주인집과 가까운 지역에 거주하는 경우가 많았으나, 18세기에는 다른 지역에 거주하는 노비가 증가하였고, 19세기에는 다시 주인집 근처에 살았다.

서원노비의 경우, 서원에 사는 노비는 거의 없었고, 서원 바로 옆에 있는 서원촌인 '원저院底'에 사는 경우가 많았다. 여기에 거주하면 국가에 대한 의무인 각종 잡역과 환곡 등을 면제받는 대신에 서원에 경제적인 부담을 져야 했다. 원저에 사는 노비들은 자신의 노동력을 제공하면서 서원 안의 각종 일을 하였고, 서원 근처에 있는 서원 소유의 땅이나 자신의 땅에서 농사를 짓고 수확물 중 일부를 서원에 납부하였다. 또한 원저 이외의 지역에 사는 노비들도 많았다.

소수서원 노비는 원촌院村·순흥·영주榮川·풍기 등 소수서원 주변 및 경상도 북부 지역, 충청도 제천·단양, 강원도 삼척 등에 거주하였고, 특히 순흥·풍기·영주에 가장 많은 노비가 있었다. 또한 안동이나 봉화에 거주한다고 되어 있더라도 대체로 소

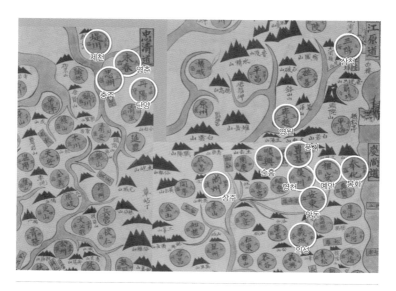

소수서원 노비의 주요 거주 지역, 《조선팔도지도 10폭 병풍》〈충청도〉, 〈강원도〉, 〈경상도〉, 국립중앙박물관 e뮤지엄에서 전재, 국립민속박물관 소장

속 군현의 관할 구역과 떨어진 다른 군현 사이에 있는 땅인 월경지越境地에 거주한 것이었고, 이 지역은 순흥 근처였다. 주로 경상도 북쪽 지역에서 살았고, 다른 서원보다 거주 지역의 범위가 넓지 않았다.

한편 서원에서는 노비가 도망간 지역을 파악하였다. 도망을 가서 찾지 못한 노비는 노비에 대한 정보를 기재한 가장 마지막 부분에 '도逃'라고만 표시하였고, 노비가 도망간 지역을 파악한 경우는 예를 들어 '도거상주逃居尙州(도망가서 상주에 거주)' 등으로 표기하였다. 도망을 간 지역은 강원도 영월이나 경상도 상주·칠곡·의성 등이었다. 또한 한 가족이 각각 다른 지역으로 도망을 간 경우도 있었다. 원비 악지岳只의 가족은 풍기에 살다가 첫째 딸은 충주, 둘째 아들은 승려가 되어 대흥사大興寺로, 셋째 아들은 풍기, 넷째 아들은 단양으로 흩어졌다. 서원노비들은 원래 살던 곳에서 이사하는 경우가 많지는 않았지만, 원래 살던 곳에서 도망을 가기도 하였다.

병산서원 노비는 서원 근처와 풍기·영주·영양·예천 등 주로 경상도 북부 지방에 거주하였고, 강원도 삼척·강릉과 충청도 충주 등에도 살았다. 그러나 19세기에는 서원 근처에 많이 거주하였다. 처음에는 원저보다 안동에 사는 노비가 많았지만 시간이 지나면서 원저 중심으로 노비가 집중되었다.

1679년부터 경상도 외에 충주에 거주하는 노비들이 기재되었는데, 원비 막녀莫女의 셋째 딸 응녀應女와 그의 손자녀들, 막녀의 넷째 아들 경생京生과 다섯째 아들 종만從萬 등이다. 이들은 1669년 노비안에는 모두 풍기에 거주하였다고 되어 있으나, 1679년 전에 모두 충주로 옮겼다. 또한 원비 사옥士玉의 증손자녀들과, 사옥의 아들 막립莫立은 원래 원저에 거주하다가 1744년에 충주로 도망가서 그 지역에서 계속 살았다. 1738년에는 강릉, 1750년에는 삼척에 처음으로 거주하는 노비가 있었다.

그림 12 병산서원 노비의 주요 거주 지역, 《조선팔도지도 10폭 병풍》〈충청도〉, 〈강원도〉, 〈경상도〉 국립중앙박물관과 e뮤지엄에서 전재. 국립민속박물관 소장.

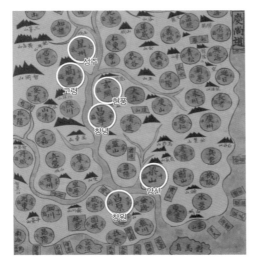

도동서원 노비는 원저뿐만 아니라 현풍에 많이 거주하였고, 그 외에 성주·고령·창원·양산·창녕 등 경상도 남부 지역에 주로 살았다. 이 중 자기가 살고 있던 지역에서 다른 지역으로 이사한 노비들은 원비 막금莫今과 그의 넷째 딸 차금次今·다섯째 딸 막진莫進, 이들의 자녀들로, 창녕에서 양산으로 이사하였다. 또한 현풍향교 교노비 일부가 도동서원의 원저에 사는 경우도 있었다. 이들은 향교에서 도동서원을 돕기 위해 보낸 노비들이었고, 서원이 어느 정도 자리를 잡게 되자 다시 향교로 돌아갔다.

한편 도동서원 노비 중 한 가족이 각각 다른 지역에 거주하는 경우도 있었다. 원비 구월九月은 6명의 자녀가 있었는데, 처음에는 모두 원저에 거주하다가 구월의 첫째 딸 봉춘奉春과 그의 후손들은 성주로, 둘째 딸 봉옥奉玉과 그의 후손들은 고령으로, 셋째 딸 봉화奉花와 넷째 딸 자옥自玉 및 그들의 후손들은 현풍으로, 다섯째 아들 가주이駕走伊의 후손들은 창원과 양산으로 이주하였고, 가주이의 후손 중 일부는 원저에 남았으며, 여섯째 아들 벽이璧伊는 후손 없이 원저에 계속 거주하였다. 도동서원이 창건되면서 처음에는 주로 서원 근처에 살았으나 서원의 영향력이 강화되면서 서원 주변 지역으로 이동하는 경우도 있었다.

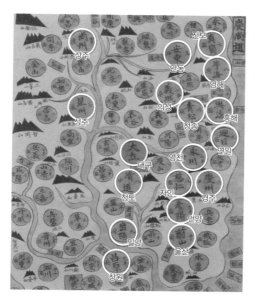

그림 14 옥산서원 노비의 주요 거주 지역, 《조선팔도지도 10폭 병풍》〈경상도〉, 국립중앙박물관 e뮤지엄에서 전재, 국립민속박물관 소장

옥산서원 노비는 원저뿐만 아니라 경주와 연일, 영천 등과 경상도 남부의 울산에 많이 살았다. 또한 청도·언양·밀양·창원 등의 경상도 남부 지역과, 대구·영해·상주·홍해·성주·건천·자인·진보·청송·안동·의성 등의 경상도 북부에도 살았다.

옥산서원 노비 중에는 다른 지역에 거주하다가 원저로 돌아오는 경우도 있었는데, 이것을 '환거본동還去本洞'이라고 하였다. 1744년 원비 임덕林德은 경주 홍천에, 원비 계랑戒郎과 그녀의 자녀 한중汗中·노랑老郎·시월十月은 언양에 있었고, 원노 원강元江과 원비 유월六月의 자녀 원가元嫁는 경주 노곡에 있었다가 1747년에 본동(원저)으로 돌아왔다. 이는 서원에서 소속 노비들을 서원 근처로 옮긴 것이었다. 이렇게 서원노비 중 다른 지역에 있다가 원저로 돌아오는 경우도 종종 있었다.

도산서원 노비는 처음에는 대체로 안동과 예안 등 도산서원 주변 지역에 주로 거주하였다가, 18세기에는 영양·영주·봉화 등의 경상도 북부 지역과, 영해·평해 등의 동해안, 강원도와 충청도, 경상도 남부 등 약 33개의 지역에 살았다. 19세기에는 서원 근처에 거주하는 노비가 더 늘어났다.

도산서원 노비가 많은 지역에 거주한 이유는 도산서원의 위상과도 관련이 있다고 생각할 수 있다. 인조반정 이후 침체된 도산서원은 숙종 대에 두 가지 변화가 있었는데, 하나는 이현일

그림 15 도산서원 노비의 주요 거주 지역, 《조선팔도지도 10폭 병풍》〈충청도〉, 〈강원도〉, 〈경상도〉, 국립중앙박물관 e뮤지엄에서 전재, 국립민속박물관 소장

李玄逸의 문인들이 도산서원을 중심으로 활동하면서 영남 남인을 결집시켰고, 다른 하나는 도산서원 원장을 선임하는 데에 예안뿐만 아니라 주변 지역의 명망 있는 사족도 초빙하였다는 것이다. 이후 1755년(영조 31)에는 조정에서 유신儒臣을 보내 도산서원에 치제하였고, 1792년(정조 16)에는 도산서원 앞에 과장을 개설하여 별시를 치게 하였다. 또한 사도세자의 신원을 위한 영남만인소를 도산서원에서 주관하였기에, 도산서원은 영남 사림의 중심지로서 그 위상이 더 높아졌다.

도남서원 노비는 주로 경상도 북부 지역에 거주하였고, 특히 원저와 대구·상주·함창 등의 지역에 집중적으로 분포하였다. 경상도 남부의 김해와 충청도 충주 등에도 거주하였다. 다른 서원과의 차이점은 도남서원 노비들은 서원 근처보다 대구에, 특히 연경서원硏經書院 근처에 많이 거주하였다는 것이다. 이는 도남서원 건립의 실질적인 역할을 한 정경세鄭經世와 1563년에 창건된 대구 연경서원 원장 서사원徐思遠의 관계 때문일 것이다. 정경세는 1607년 대구부사로 부임하면서 한강 정구의 문인인 연경서원 원장 서사원을 만났다.

두 사람은 연경서원에서 교학 활동 등을 하면서 친밀한 교유 관계를 가졌으므로, 1606년 도남서원이 창건된 후 도남서원 역시 연경서원과 좋은 관계를 유지하였을 것이다. 정경세는

그림 16 도남서원 노비의 주요 거주 지역, 《조선팔도지도 10폭 병풍》〈충청도〉, 〈강원도〉, 〈경상도〉, 국립중앙박물관 e뮤지엄에서 전재, 국립민속박물관 소장

1635년에는 도남서원에, 1660년에는 연경서원에 추향되었다. 이처럼 도남서원과 연경서원의 밀접한 관계로 인해 도남서원 노비가 대구에 많이 거주하였던 것으로 보인다.

서원노비들은 처음에는 원저에 주로 거주하였다가, 18세기에는 차츰 서원 근처를 벗어나 다른 지역에 살았다. 반면 19세기에는 다시 서원 주변에 거주하는 노비들만 주로 기재되었다. 이는 한편으로는 다른 지역에 거주하는 노비들을 서원에서 관리하기 힘들어졌다는 것을 의미하고, 다른 한편으로는 옥산서원과 같이 노비 관리를 위해 노비들을 서원 근처로 옮겼다고 볼 수 있다.

구체적인 거주 장소

앞에서는 서원노비가 거주한 지역을 살펴보았다. 대체로 많은 노비가 서원 근처 지역에 거주하였고, 다른 지역에 거주하는 노비들도 일부 있었다. 이들은 대체로 일반 고을에 살면서 농사 등의 일로 생계를 유지하며 서원에 대한 의무를 다하였다.

한편 노비안 등의 문서에 서원노비가 사는 구체적인 장소가 나오는 경우가 있었는데, 관청이나 역驛, 교촌校村 등의 공적인 장소, 사족의 집이나 사족과 관련된 개인적인 공간, 다른 서

원의 서원촌, 사찰 등이다. 서원노비가 거주한 구체적인 장소는
【표 2】와 같다.

장소 \ 서원	소수서원	병산서원	도동서원	옥산서원	도산서원	도남서원
관(官) 관련	-	-	-	울산 좌병영 의성 가음창	봉화관청 관청 창고	-
교촌 (校村)	-	-	-	-	예안향교 평해향교 영해향교	함창향교
역(驛)	순흥 창락역	용궁 지보역	-	경주 아화역 울산 부평역	영해 병곡역 영해 영양역 청하 송라역 안동 운산역 안동 옹천역 순흥 창락역	-
사족 관련 장소	영주 종릉재사	풍산 수동재사	의령 남 생원 댁	-	영주 천운정 순흥 만지정 의인 삼산댁 예안 노송정 하계 감역댁	-
다른 서원촌	영주 이산서원 봉화 문암서원 안동 삼계서원	영주 이산서원 안동 삼계서원 여천 정산서원	-	-	예안 역동서원 예안 정산서원 영해 단산서원 영주 오계서원 영주 삼봉서원 안동 주계서원 안동 삼계서원 봉화 문계서원 상주 운계서원 경주 동강서원	상주 옥성서원
사찰	-	안동 광흥사 안동 축서사 의성 고운사	-	영천 은해사 영천 청련암	봉화 호걸암 봉화 각화사 풍기 명봉사 진보 수정사 안동 청량사 안동 광흥사 예안 월란사 예안 일출암 순흥 영은암	대구 동화사 상주 김룡사

표 2 구체적인 거주 장소

소수서원 노비가 거주한 구체적인 장소로는 순흥 창락역昌樂驛, 영주 종릉재사鍾陵齋舍, 영주 이산서원伊山書院·봉화 문암서원文巖書院·안동 삼계서원三溪書院의 서원촌이 있었다. 순흥 창락역에는 1762년과 1783년에 원비 금진今辰과 그의 네 자녀가 살았는데, 그중 첫째 아들 만이萬伊와 둘째 아들 윤금允金은 '견탈 창락역見奪昌樂驛'이라 하여 창락역에 빼앗겼다고 하였고, 셋째와 넷째 딸은 소수서원 소속이었다. 『속대전續大典』에 의하면, 역노驛奴가 천인 여자와 혼인하여 낳은 자녀 중 아들은 아버지의 소속, 딸은 어머니의 소속이 되었다. 따라서 금진과 역노의 혼인으로 태어난 자녀 중 아들은 창락역 소속이 된 것이었다.

영주 종릉재사는 조선 창업의 공으로 개국 1등 공신에 녹훈된 류빈柳濱이 사망하자 태종이 임금과 같은 예우로 그의 묘를 유릉柳陵으로 하였는데, 후손인 경상감사 류영순柳永詢이 이 유릉을 수호하기 위해 1606년(선조 39)에 만든 것이다. 1762년에는 원비 처랑處娘만 종릉재사에 거주하였지만, 1783년에는 그의 세 자녀도 함께 있었다. 소수서원 노비 가족이 전주 류씨와 관련된 장소에 거주하였다는 것은, 소수서원과 전주 류씨 가문이 밀접한 연관이 있었던 것일 수도 있고, 류영순이 경상감사였기에 소수서원에 영향력을 행사하였던 것일 수도 있다.

이산서원은 1558년(명종 13)에 건립되었고 1574년 사액을 받았으며, 이황을 제향하였다. 1762년 원비 윤금允今의 딸 여랑女娘과 여랑의 아들 태관太官, 원비 경양景陽과 그의 자녀들, 원비 하진何眞과 그의 자녀들이 모두 이산서원 서원촌에 있었다. 또한 여기에는 소수서원 노비뿐만 아니라 뒤에 나오는 병산서원 노비도 거주하였다.

문암서원 서원촌은 노비안에 '봉화창해원촌奉化昌海院村'이라고 기재되었는데, 창해는 순흥에 있지만 봉화에 속해 있는 곳으로, 창해에 있는 서원이 바로 문암서원이다. 문암서원은 1604년(선조 37)에 창건되어서 이황과 조목을 모셨고, 1694년(숙종 20)에 사액을 받았다. 1762년에 원비 만녀萬女의 아들 신축辛丑, 1783년에 원비 일진日辰의 아들 일대一大가 거주하였다. 신축과 일대는 각각 혼자 살다.

삼계서원 서원촌은 노비안에 '내성후평원촌乃城後坪院村'이라고 되어 있다. 이 서원은 1588년(선조 21) 권벌權橃을 모시기 위해 창건되었고, 1660년(현종 1) 사액을 받았다. 1762년부터 원비 서랑鋤娘과 두 자녀가 함께 거주하였다. 이 서원촌에 거주한 노비들은 이산서원 서원촌과 같이 한 가족이 함께 거주하였고, 병산서원과 도산서원 노비도 있었다.

이처럼 소수서원 노비가 거주한 구체적인 장소는 역과 사족 관련 장소, 다른 서원의 서원촌이었고, 관청과 관련된 장소나 교촌, 사찰에는 살지 않았다.

병산서원 노비가 거주한 구체적인 장소는 용궁 지보역知保 驛, 풍산 수동재사水洞齋舍, 이산서원·삼계서원·여천 정산서원鼎 山書院의 서원촌, 안동 광흥사廣興寺와 축서사鷲棲寺, 의성 고운사 孤雲寺가 있었다.

지보역에는 원비 응개應介의 자녀 무녀戊女가 있었는데, 원래 원저에 거주하다가 지보역으로 옮겼다. 또한 원비 차녀次女의 자녀 잇랑莅郎과 그의 자녀들도 살았다.

수동재사가 있는 수동水洞에 거주하는 노비도 있었다. 수동 재사는 류성룡柳成龍(1542-1607)의 묘소를 수호하기 위해 풍산읍 수동에 세운 것이다. 1611년(광해 3) 류성룡의 아들 류초柳初가 승려 포우浦右의 도움을 받아 재사를 창건하고 '상로재霜露齋'라 는 현판을 달았다. 1663년에서 1669년까지 원비 분개紛介의 세 자녀와 손자녀, 원비 다물사리多勿沙里의 다섯 자녀와 이들의 손 자녀들이 살았지만, 이후 원저나 감천 등 다른 지역으로 옮겼거 나 사망하였다. 병산서원에서도 수동재사를 수호하기 위해 서 원노비를 수동에 살게 하였다.

이산서원 서원촌에는 1666년에 원비 일춘一春의 둘째 딸 금옥 今玉과 그의 자녀들, 일춘의 넷째 딸 분옥紛玉과 그의 자녀들이 함 께 있었다. 금옥은 이산서원 노 학남鶴男과 혼인하여 다섯 자녀를 낳았고, 금옥의 둘째 딸 옥분玉分은 사노私奴 삼룡三龍과 혼인하여 세 자녀를 낳았다. 자녀들은 어머니의 소속을 따라 모두 병산서원 소속이 되었다. 삼계서원 서원촌에는 1738년과 1750년 노비안에 나오는 원비 막춘莫春의 아들 막상莫上이 거주하였다. 이후 막상은 누군가에게 팔렸는데, 아마 삼계서원에서 샀을 가능성이 있다. 정산서원 서원촌에는 1762년에 원비 황진黃辰이 거주하였는데, 여기에는 도산서원 노비도 살았다. 앞에서도 살펴보았듯이 한 서원의 서원촌에 다른 서원의 노비들도 함께 거주할 수 있었다.

사찰에 거주하는 서원노비는 모두 남자였다. 1663년 다물사리의 아들 천일千日은 광흥사에 거주하면서 신공을 납부하였는데, 이 당시 그는 승려였다. 그러나 1679년 천일은 원저에 거주하였고, 매득비買得婢 선진先眞과 혼인하여 자녀도 낳았다. 따라서 '환속還俗'이라는 용어가 나오지는 않지만, 천일은 승려에서 다시 원노로 돌아온 것으로 보인다. 1750년에는 원노 험석驗石과 매득비 순적順赤의 아들 솟동北同이 광흥사의 승려가 되었다. 광흥사에는 병산서원 노 외에도 도산서원 노도 거주하였다. 축서사에는 1679년에 분대分代의 아들 덕봉德奉이 13세에 수승인隨僧人으로 거주하였고, 고운사 입구에는 1750년 원비 석녀石女의 아들 유걸有杰이 살았다.

이처럼 병산서원의 노비들은 역과 사족 관련 장소, 다른 서원의 서원촌, 사찰 등에 거주하였고, 관청과 관련한 장소나 교촌에는 살지 않았다.

도동서원 노비가 거주한 구체적인 장소는 사족 관련 장소인 의령의 남 생원 댁이다. 원비 분이粉伊와 첫째 아들 계복戒福, 계복의 첫째 아들 계창戒昌, 분이의 둘째 아들 석립石立은 1666년까지 원저에 거주하였다가, 1666년과 1681년 사이에 의령 남 생원 댁으로 이사하였고 이후 도망을 갔다. 앞에서도 살펴보았듯이 도동서원 노비들은 대체로 원저와 서원 근처에 많이 거주하였다가 18세기 초부터 거주 지역이 확대되었는데, 1702년 이후에는 노비안이 남아 있지 않아서 상황을 알 수 없다.

옥산서원 노비가 거주한 구체적인 장소는 울산 좌병영左兵營과 의성 가음창佳音倉, 경주 아화역阿火驛과 울산 부평역富坪驛, 영천 은해사銀海寺와 청련암靑蓮菴이 있었다. 병영兵營과 사창司倉에 거주한 서원노비는 옥산서원 노비가 유일하다.

울산 좌병영에는 원비 봉월奉月과 그의 네 자녀, 원노 봉태奉泰와 후양처後良妻의 두 자녀, 이정화李廷華의 그의 삼 남매, 김석金碩과 그의 삼 형제 등이 모두 병영 남문 안에 있었다. 18세기 중반까지 이들의 소재가 파악되었지만, 1774년 이전에 모두 도망을 갔다. 의성 가음창에는 원비 이단二丹과 그의 두 아들이 계속 살았다.

아화역에는 원비 월금月今의 딸 자례自禮와, 원비 월양月陽의 딸 옥단玉丹이 살았다. 또한 원노 해강海江과 원비 무진武眞은 각각 사비私婢와 작대作隊(군인) 김선金先과 혼인하면서 거주하였다. 부평역에는 원비 걸진乞眞의 딸 월회月會와 금정桀丁이 거주하였다가 도망을 갔다. 18세기 후반으로 갈수록 좌병영과 역에 거주한 노비들이 도망을 가는 경우가 늘어났다.

옥산서원 노비는 사찰에도 거주하였다. 1758년 은해사에 원비 홍분共分과 세 아들 정금이丁金伊·만재萬才·성중聖仲이 살았는데, 이들은 원래 1747년에는 본동本洞에 거주하였다가 1747년부터 1758년 사이에 거주 지역을 옮겼다. 그러나 1758년에는 정금이가, 1774년 이후로는 홍분과 나머지 자녀들이 모두 도망을 갔다. 옥산서원 노비들은 앞의 병산서원 노와는 달리 한 가족이 함께 사찰에 거주하였고, 이들 중 승려가 된 노비는 없었다. 청련암은 옥산서원 근처의 암자로, 1758년 원노 계걸과 양녀의 아들 잘노미가 청련암의 승려가 되었다가 1762년 이전에 환속했다. 이러한 경우는 앞의 병산서원에도 있었다.

이처럼 옥산서원의 노비들은 병영과 사창, 역, 사찰에 거주하였지만, 교촌이나 사족 관련 장소, 다른 서원의 서원촌에는 거주하지 않았다.

도산서원 노비는 구체적인 거주 장소가 많았다. 관청과 관련된 장소로는 봉화관청과 관청 창고가 있었다. 1747년 원비 사월士月의 네 자녀는 모두 원저에서 봉화관청으로 옮겼고, 1828년에는 원비 석매石每의 둘째 딸 섬이暹伊, 섬이의 첫째 딸 달점達占, 달점의 자녀 등 3세대가 모두 안동에 있는 광덕창廣德倉에 거주하였다.

교촌의 경우, 1759년에 원비 점녀占女의 여섯 자녀, 1819년에 원비 중녀仲女와 이태손李太孫의 네 자녀가 모두 예안향교 교촌에 있었다. 1819년에는 원비 계단季丹의 넷째 딸 초랑初娘이 평해향교 교촌에, 1828년에는 원비 일랑日娘의 셋째 아들 우손禹孫과 넷째 아들 손태孫太가 영해향교 교촌에 거주하였다. 교촌에 거주하는 노비들은 한 가족이 함께 거주하는 경우가 많았다.

역의 경우, 영해 병곡역柄谷驛에는 원비 분이分伊와 그의 자녀들, 여섯째 딸 옥단玉丹의 자녀들이 함께 살았다. 분이의 자녀 중 옥단을 제외한 나머지 아들들은 모두 서원과 관련한 일을 하는 것이 아니라 역과 관련된 일을 하였다. 또한 원비 유정有丁의 셋째 아들 금이암회金伊岩回와 넷째 딸 금이랑金伊郎, 원비 진춘進春과 그의 세 자녀 역시 대를 이어 함께 거주하였다. 청하 송라역松羅驛에는 원노 이선已先의 둘째 아들 성삼成三과 원비 자절련自巳連의 셋째 아들 순재順才가 있었다. 도산서원의 노비와 역노비의 혼인으로 태어난 자녀 중 남자는 모두 송라역 소속이 되었다. 안동 운산역雲山驛에는 원비 윤랑允郎의 네 자녀가, 안동 옹천역瓮泉驛에는 원비 점단占丹의 딸 명랑命娘과 그의 자녀들이 살았다. 명랑과 혼인한 김중삼金仲三의 신분은 알 수 없지만, 자녀들이 모두 옹천역에 거주한 것으로 보아 역노나 역에 관련된 사람이었을 수 있다. 순흥 창락역에는 원비 귀점貴占의 아들 강악姜岳이 살았다. 영해 영양역寧陽驛에는 원비 성점性占과 남편 조영대趙英大, 그의 자녀 5명이 함께 거주하였는데, 이 중 둘째 딸 중열仲烈, 다섯째 딸 석열石悅, 여섯째 딸 복매卜每는 혼인을 하여 각각 안동, 예안, 진보로 거주 지역을 옮겼다.

도산서원 노비가 거주한 사족 관련 장소 중 김륵金玏(1540-1616)이 지은 정자인 영주 천운정天雲亭 아래에는 원비 만단萬丹의 둘째 딸 일점一占이 자녀들과 함께 살았다. 김륵은 1576년(선조 9) 과거에 급제하여 형조참의·영월군수·안동부사·경상우도관찰사 등을 역임하였다. 일점은 천운정에 계속 거주하였으나 자녀들은 어느 정도 자란 후에 다른 지역으로 이주하였다.

한편 사족의 집에 거주하면서 노동력을 제공하는 노비들도 있었다. 원비 봉점奉占과 김원돌金元乭의 둘째 아들 해룡海龍은 의인宜仁 삼산댁三山宅에서 일하였는데, 이 집은 류정원柳正源(1703-1761) 댁이다. 류정원은 전주 류씨로 자인현감·대사간·호조참의 등을 역임하였고, 1756년에는 도산서원 원장이 되기도 하였다. 원비 정열丁烈과 정희봉鄭喜奉의 둘째 딸 중절仲節은 이황의 형 이해李瀣와 이황이 태어난 장소인 노송정老松亭에 살았다. 노송정은 이황의 할아버지 이계양李繼陽의 호이기도 하다. 원비 명열命烈과 원노 박용문의 세 자녀는 하계下溪 감역댁監役宅에서 일하였는데, 이 집은 1728년(영조 4) 무신란 때 영남 지역에 일어난 의병의 명단과 활동에 대한 내용이 있는 『무신창의록戊申倡義錄』을 작성한 이진동李鎭東의 집이다. 그는 1799년에 도산서원 원장으로 재임하였다.

　도산서원 노비들은 대체로 진성 이씨 가문과 관계가 있는 장소와 도산서원 원장으로 재임했던 사족의 집에 거주하였다. 한 가족이 함께 거주하거나 혼자 거주하면서 사족 집안의 일을 담당하였다. 이는 19세기 중반으로 가면서 도산서원 원장을 진성 이씨 가문에서 거의 독차지하였고, 이에 따라 서원의 운영이 진성 이씨 가문 위주로 이루어진 것과 관련이 있었다.

　도산서원 노비가 다른 서원의 서원촌에 거주하는 경우도 있었다. 역동서원易東書院 서원촌에는 1743년부터 원비 선월善月의 둘째 딸 최분崔分과 그의 후손들, 원비 후원後元의 세 자녀, 원비 상진尙辰의 후손 등이 함께 거주하였다. 1828년부터는 원비 명랑命娘의 둘째 아들 영태永太, 원비 귀랑貴娘의 둘째 딸 복단卜丹과 그의 후손들, 원비 유점有占의 첫째 딸 금열金悅, 원비 백녀白女의 둘째-넷째 자녀들도 있었다. 역동서원 서원촌에 거주하는 노비들은 한 가족이 대를 이어서 거주하는 경우가 많았다.

영해 단산서원丹山書院 서원촌에는 1819년에 원비 이월已月의 둘째 딸 예심禮心과 셋째 딸 정금丁今, 그들의 자녀들과 손자녀들이 1843년까지 지속적으로 거주하였다. 영주 오계서원迂溪書院 서원촌에는 1819년에 원비 권심權心의 둘째 아들 만암회萬岩回와, 원비 옥덕玉德의 다섯째 아들 돌손乭孫이 있었다. 영주 삼봉서원三峰書院 서원촌에는 원비 차녀次女와 그의 자녀들이 1861년까지 함께 거주하였다.

안동 주계서원周溪書院 서원촌에는 1819년 원비 성랑性娘의 첫째 딸 득섬得蟾과, 그의 셋째 딸 월랑月娘·넷째 아들 이산已山이 있었는데, 예안 분천汾川으로 떠났다. 이는 한 가족이 다른 서원 서원촌에서 거주하였다가 거주 지역을 옮긴 것이다. 1819년 원비 정랑丁娘의 넷째 아들 득태得太 역시 주계서원 서원촌에 거주하였으나 안동 가구佳邱로 옮겼다. 안동 삼계서원 서원촌에는 1819년 원비 이랑已娘의 첫째 딸 권심權心과 그의 자녀들이 거주하였는데, 이후에는 모두 사망한 것으로 기재되었다.

봉화 문계서원文溪書院 서원촌에는 원비 명녀命女의 여섯째 딸 재월再月과 그의 자녀 3명이 1843년까지 거주하였다. 노비안에는 '문촌원저文村院底'라고 쓰여 있었는데 이는 문촌리에 있는 문계서원 서원촌이라는 의미이다. 또한 원비 귀랑貴娘의 다섯째 딸 성매性妹, 원비 득매得梅의 셋째 아들 노적老積·다섯째 아들 성첨性添, 원비 명월命月의 셋째 아들 복득卜得이 함께 거주하였다. 이렇게 한 가족 중 일부가 거주하는 경우도 있었다.

예천 정산서원鼎山書院 서원촌에는 1828년에 원비 귀랑貴娘과 그의 자녀 후남後男·대남大男·태랑太娘과 태랑의 자녀 점이占伊, 점이의 세 딸이 모두 있었다. 상주 운계서원雲溪書院 서원촌에는 1861년 원비 순녀順女와 그와 혼인한 남원재南元在, 그들의 자녀가 거주하였다. 이 가족은 1833년에는 안동에 거주하였지만 이후에 운계서원 서원촌으로 옮겼다. 경주 동강서원東江書院 서원촌에는 1819년에 원비 유란有蘭의 자녀들이 살았다.

이처럼 다른 서원촌에 거주하는 노비들은 대체로 가족 단위로 거주하였고, 중간에 다른 지역으로 옮기는 경우도 있었지만 그 후손까지 지속적으로 사는 경우가 많았다.

사찰에 거주하는 서원노비는 대체로 승려가 되었고, '위승爲僧'·'승僧'·'승노僧奴' 등으로 표기되었다. 18세기에는 봉화 호걸암豪傑岩, 풍기 명봉사鳴鳳寺, 진보 수정사水晶寺, 안동 청량사淸凉寺, 예안 월란사月瀾寺, 청송 보광사寶光寺 등에 거주하였다. 예안 월란사에는 원노 5명이 있었고, 청송 보광사에는 아버지와 아들이 승려가 되어서 함께 있었으며, 그 외의 사찰에서는 원노가 1명씩 거주하였다. 19세기에는 예안 일출암_{日出庵}, 순흥 영은암_{靈隱庵}, 안동 광흥사, 봉화 각화사_{覺化寺}, 안동 고림사_{高林寺}에 한 사찰당 1-2명의 원노가 살았다. 이 중 안동 광흥사는 1799년 안동 사족들이 『번암집』 간행을 위해 모인 장소였고, 1817년 도산서원에서 『퇴계집』을 개간할 때에는 광흥사의 각수 승려에게 판각을 맡겼다. 이처럼 광흥사는 도산서원뿐만 아니라 지방 사족과도 관계가 있었다.

도산서원 노비 중에는 공적인 기관이나 사족과 관련된 장소, 다른 서원의 서원촌, 사찰 등에 거주하는 노비가 있었고, 도산서원 소속이면서 역의 일이나 사족 집의 앙역_{仰役} 등을 담당하기도 하였다.

도남서원 노비가 거주한 구체적인 장소는 함창향교_{咸昌鄕校} 교촌, 상주 옥성서원_{玉成書院} 서원촌, 대구 동화사_{桐華寺}와 상주 김룡사_{金龍寺}가 있었다.

함창향교 교촌에는 1807년에 원비 고읍년_{古邑年}의 딸 고읍진_{古邑辰}이 거주하였고, 1829년에 함창향교 교촌의 노와 혼인하였다. 옥성서원은 1551년(명종 6) 상주목사 신잠_{申潛}이 세운 수양서당_{首陽書堂}으로 시작되었고, 1632년(인조 10) 서원으로 승격되었다. 1754년에 원비 대춘_{大春}·원노 영달_{永達}·원노 예우_{禮又}·원비 영분永分·원노 영주永朱가 옥성서원으로 이송移送되었고, 이들은 이후 도남서원 노비안에 나오지 않는다. 아마 옥성서원으로 소속이 바뀌었을 가능성이 있다.

동화사에는 1754년 원비 보례寶禮의 아들 사련思連이 승노僧奴였는데, 나중에 15냥을 내고 속량을 받았다. 즉 승려가 되어 사찰에 거주하였지만 원래 소속은 서원이었고, 서원에 돈을 내고 속량을 받을 수 있었다. 김룡사에는 1754년 원노 이달己達의 아들이 승려가 되어서 거주하였다. 그의 이름은 알 수 없으나 승명僧名은 법담法談이다. 김룡사는 상주 사족들이 거접을 하는 장소나 공부하는 장소, 백일장에 참석하는 사람들의 숙식 장소나 전염병이 돌 때에 피접 장소 등으로 이용되었다.

이처럼 도남서원 노비들은 도남서원 근처의 교촌과 다른 서원의 서원촌, 사찰에 거주하였고 사족 개인의 집이나 사족과 관련된 장소에는 살지 않았다.

서원노비가 거주한 구체적인 장소를 정리하면 다음과 같다. 공적인 장소로는 관청과 관청 창고, 역, 좌병영, 교촌 등에 거주하였다. 관청의 경우, 18세기에 도산서원 노비 중에서 봉화관청에 거주하는 노비 가족이 있었다. 관청 창고의 경우, 19세기에 도산서원 노비 중에서 안동 광덕창에 거주하는 가족과, 옥산서원 노비 중에서 1758년부터 의성 가음창에 거주하는 가족이 있었다. 역의 경우, 도산서원과 병산서원, 옥산서원과 소수서원 노비가 대부분 가족 단위로, 대를 이어서 지속적으로 거주하기도 하였다. 옥산서원 노비 중에는 1723년부터 울산 좌병영에 거주하는 노비들이 있었는데, 나중에 모두 도망을 갔다. 교촌의 경우, 예안향교와 영해향교, 평해향교 교촌에 있는 도산서원 노비와, 함창향교 교촌에 거주하는 도남서원 비가 있었다.

사족 관련 장소에도 거주하였다. 도산서원 노비 중 사족 개인 집에 거주하는 노비들이 있었는데, 한 집에 한 가족이 살거나 한 명씩 거주하기도 하였다. 병산서원과 소수서원 노비는 재사가 있는 지역에 있었다.

다른 서원의 서원촌에도 거주하였다. 이 중 영주 이산서원 서원촌에는 병산서원과 소수서원 노비들이, 안동 삼계서원 서원촌에는 도산서원과 소수서원 노비들이, 여천 정산서원 서원촌에는 도산서원과 병산서원 노비들이 거주하였다. 다른 서원의 서원촌에 있다가 거주 지역을 옮기는 경우는 드물었고, 가족 대대로 거주하는 경우가 많았다. 한편 도남서원 노비 중에는 옥성서원에 거주하는 노비들이 있었다.

또한 여러 사찰에 서원노비들이 거주하였는데, 한 사찰에 여러 서원의 노비가 거주하는 경우도 있었다. 광흥사에는 17세기에 병산서원 노가, 19세기에 도산서원 노가 거주하였다. 월란사에는 도산서원 노가, 은해사에는 옥산서원 노비 가족이 거주하였다. 사찰에 거주하는 노비는 대체로 한 사찰에 한 명씩이었으며, 대부분 승려가 되었지만 환속하는 경우도 있었다.

이처럼 서원노비들은 여러 장소에 거주하면서 자신의 일을 하거나 사족 개인의 집에서 역을 담당하기도 하였다. 그렇다면 서원노비들이 무슨 일을 하였고, 어떠한 의무를 다했는지는 다음 장에서 살펴보도록 하겠다.

3

서원노비는
무슨 일을 했을까?

신역 및 신공 담당

    노비는 자신이 소속된 곳에서 신역身役과 신공身貢을 담당하였다. 『경국대전』 「호전戶典」에는 외거노비에 대해서 "선상選上하였거나 잡다한 이유가 있는 경우를 제외하고, 16세 이상부터 60세 이하는 모두 신공을 거두어 사섬시司贍寺에 상납한다. 노奴는 면포綿布 1필, 저화楮貨 20장이고, 비婢는 면포 1필과 저화 10장이다"라고 되어 있다. 따라서 보통 노 2필, 비 1필 반씩 냈다. 이후 1664년(현종 5)에 노비의 신공을 노 1필 반, 비 1필로 각각 반 필씩 줄였다. 1750년(영조 26) 균역법이 시행되면서 양역良役이 2필에서 1필로 줄어들었고, 1755년(영조 31)부터 시노寺奴는 1필,

시비寺婢는 반 필을 내게 되어서, 이때부터 노와 양인의 신공이 같아졌다. 1774년(영조 50)에는 공사비公私婢 모두 신공을 없앴다. 공노비는 이 규정에 의거하여 신역 및 신공을 담당하였다.

사노비의 신역에는 가내사환家內使喚, 농사와 길쌈, 상업 활동 등이 있었다. 주인집의 각종 일을 담당하였고, 주인의 땅을 경작하거나 양잠을 하였으며, 물고기나 소금을 거래하기도 하였다. 신공량은 개별 노비의 경제적 상황을 살펴보고 결정하기도 하였는데, 노와 비의 차이가 없었다. 또한 노비의 거주 지역과 주인집과의 거리에 따라 신공량의 차이가 없었다. 의성 김씨 가문의 경우 1745-1770년 사이에 신공은 최저 0.1냥에서 최고 3.1냥까지 다양하였다.

서원노비가 담당한 신역과 신공은 서원 경제에서 매우 중요한 부분이어서, 서원에서는 서원노비를 사족이 개인적으로 이용하지 못하게 하였다. 도산서원에서는 원노 중 사환하는 사람은 원임院任의 각 집 외에는 배정하지 않는다는 규정이 있었고, 서원의 원규院規가 엄격하지 않고 기강이 해이해졌기에 서원노비를 사적으로 이용하는 것을 금지한다는 내용도 있었다.

여기에서는 서원노비가 서원에서 어떠한 일을 하였는지, 서원에 어떠한 물품들을 신공으로 납부하였는지 등을 서원노비의 신역과 신공 관련 내용이 구체적으로 나오는 서원의 자료를 중심으로 알아보겠다.

도산서원 노비의 신역은 1619년 원속안院屬案을 통해 알 수 있었다. 여기서는 서원노비를 원중차역자, 본관노비本官奴婢, 타관노비他官奴婢로 나누어서 이들의 수와 신역·신공을 기재하였는데, 대체로 신역을 담당한 노비는 원중차역자와 본관노비였다.

원중차역자는 서원 안의 여러 일을 담당하였고, 이에 대한 대가로 봄·가을에 쌀을 받았다. 창고를 지키는 사람(庫直)은 1석, 요리하는 사람(刀尺)은 2석, 두부를 만드는 사람(泡匠)은 10두, 물고기를 잡는 사람(捉魚)은 12두를 봄에만 받았다. 땔감을 조달하는 사람(負木)은 1석 5두, 재실을 지키며 관리하는 사람(齋直)은 7두 5승, 술을 담당하는 사람(酒母)은 1석, 부엌일을 하는 사람(食母)은 10두, 말을 기르는 사람(養馬)은 7두 5승을 봄과 가을에 각각 받았다.

본관노비는 서원 근처에 거주하면서 서원의 각종 일에 동원되었고, 서원 근처의 의동전답宜東田畓이나 자기 소유의 땅을 경작하기도 하였다. 본관노비는 그 수가 늘어나면서 원저와 나머지 지역의 노비들로 분화되었다. 한편 본관에 거주하는 원비와 혼인한 양인이 서원의 일을 하는 경우도 있었는데, 후종後種과 혼인한 권몽일權夢一, 사월四月과 혼인한 김석金石, 구월九月과 혼인한 윤복允卜 등이 서원의 사환使喚을 담당하였으며, 응춘應春과 혼인한 봉윤奉允은 기와 만드는 일(瓦匠)을 맡았다. 신역을 맡은 서원노비들은 서원 안의 각종 일을 하거나 서원 근처에 거주하면서 자신의 경제생활을 영위하였다. 주모나 식모의 일을 제외한 나머지는 대부분 원노가 하는 일이었다.

도산서원의 신공에 대해 규정한 완의完議를 보면, 가을에 신공을 납부할 때 남녀노소에 관계없이 2냥씩 내도록 하였고, 속량이나 제공除貢으로 인해 서원이 지탱하기 어려울 수도 있기 때문에 신중하게 해야 한다고 하였다. 이 완의에서는 신공을 돈으로 납부하라고 했는데, 1775년 신공안에서는 돈과 물품을 병행하였고, 1800-1801년부터 모두 돈으로 통일되었기 때문에, 이 완의의 작성 연도는 최소한 19세기라고 볼 수 있다.

도산서원 노비의 신공은 1619년 원속안과 1691년 미봉안, 1765-1767·1800-1801년 신공안을 통해 알 수 있다.

1619년 원속안의 '타관거노비질他官居奴婢秩'에 따르면 경상도 북부의 영주·예천·의성·안동·상주와 경상도 남부의 창녕 등 7개 지역의 노비들이 신공을 납부하였다. 창녕의 원노 1명과 원비 3명이 9필로 가장 많이 냈으며, 이들은 곶감도 2점씩 납부하였다. 다음으로 예천의 원노 2명, 원비 1명이 7필, 의성의 원노 3명, 원비 1명이 6필을 냈다. 신공을 전혀 내지 않는 서원노비도 있었는데, 나이를 알 수 없거나, 아직 어리거나, 성별을 알 수 없었다. 원노는 신공 3필을 내는 경우가 가장 많았고, 원비는 대부분 2필을 냈다. 원래 노비 신공의 일반적인 기준은 노 2필, 비 1필 반인데 이보다 더 많은 양을 납부한 것이다.

1691년 미봉안에 있는 '노비공질奴婢貢秩'과 '노비신공미수초奴婢身貢未收抄'를 통해서는 예안의 북면과 서면, 영주 등 경상도 24개 지역의 신공 대상 도산서원 노비와 신공액을 알 수 있었다. 도산서원 노비는 거의 경상도 전체에 거주하였다. 영덕에 거주하는 노비들은 면(木)만 납부하였고, 봉화에 거주하는 노비들은 청두青豆와 적두赤豆를 납부하기도 하였다. 깨는 영덕을 제외한 전 지역에서 냈다. 도산서원과 가까운 지역의 노비들은 대체로 쌀(大米)이나 좁쌀(小米), 깨(荏) 등을, 거리가 먼 지역은 운반하기 편한 면 등을 납부하였다.

신공 중 쌀은 신녕 고현·안동 내성·안동 감천·영주에서 가장 많이 냈고, 좁쌀은 봉화와 영양에서 전체의 80%를 납부하였다. 면은 영해에서 가장 많이 냈는데, 원비가 더 많이 내는 현물이었다. 지역별로 가장 다양한 신공을 낸 지역은 총 6가지의 신공 물품(쌀, 좁쌀, 깨, 면, 청두, 적두)을 납부한 봉화였다. 영덕에서는 6명의 서원노비가 면 한 가지만 부담하였다. 또한 노비가 2-3명밖에 되지 않는 온혜·자인·의성에서는 신공의 물품 및 양이 다른 지역보다 적었다. 곡물은 노비 수가 많은 지역 중심으로 냈는데, 면은 노비 수가 적은 지역이라도 상당한 양을 제출하였다. 원노는 쌀과 좁쌀, 원비는 깨와 면을 많이 냈다. 도산서원과의 거리에 따라 신공의 종류가 조금씩 다르고, 신공을 내는 노비 수에 따라 그 양이 결정되었다.

1765-1767년 신공안에서는 매년 낸 신공이 비슷했기 때문에 1765년의 신공을 중심으로 살펴보았다. 원노 492명, 원비 462명, 도합 954명이 신공을 납부하였고, 이들은 영주·영양·영해 등 15개 지역에 거주하였다. 신공 물품은 돈(錢)을 포함한 20가지 정도가 있었다. 앞 시기와 비교하여 가장 큰 차이점은 예안 상리上里를 제외한 모든 지역에서 돈을 냈다는 점이다. 돈 외에는 주로 곡물이 많았고, 영해는 문어와 어물 등, 예천과 감천은 곶감, 상리는 닭과 엿(糖) 등, 의동은 숯(黙炭)과 말편자(馬鐵) 등, 영양은 소금 등을 납부하였다. 진보는 돈만 납부하였고, 안동 박곡은 곡물이 다양하였다.

곡물은 주로 도산서원과 가까운 예안과 안동에서, 돈은 도산서원과 거리가 먼 지역에서 많이 냈다.

신공을 다 합하면 돈은 506냥, 쌀과 다른 곡식 등의 합은 42석 2두 8도이고, 이를 돈으로 환산하면 합하여 약 700여 냥이다. 또한 서원노비 1명당 납부한 신공량을 돈으로 환산하면, 원노의 경우 1냥을 낸 원노가 121명(57.9%)으로 가장 많고, 1냥 초과는

73명(34.9%)이었다. 원비의 경우 1냥을 낸 원비가 113명(61.1%)으로 가장 많고, 1냥 초과는 45명(24.3%)이었다. 신공액은 5전부터 3냥 이상까지 다양하게 있었다. 이처럼 도산서원은 노비 각각의 경제 형편에 따라서 신공을 수납하였다.

1800-1801년 신공안을 보면, 13개 지역에 거주하는 원노 296명, 원비 222명, 도합 518명의 노비가 1800년에는 473냥, 1801년에는 447냥을 냈다고 하였다. 이 시기에는 모두 돈으로 신공을 납부하였다. 영주에서 110명의 노비가 1800년 81.5냥, 1801년 84냥, 도합 165.5냥으로 가장 많은 신공을 냈고, 예안 서북면에서 15명의 노비가 1800년 11.5냥, 1801년 10.5냥, 도합 22냥으로 가장 적은 신공을 납부하였다. 가장 많은 지역과 적은 지역의 노비 수는 7배 정도 차이가 났고, 신공량도 그 정도였다.

신공을 많이 낸 지역은 영주·영양·진보 등이고, 적게 낸 지역은 예안의 상리와 의동, 서북면 등이다. 신공을 적개 낸 이유는 이 지역에 거주하는 노비 자체가 적었고 신공뿐만 아니라 서원의 각종 일에 동원되는 노비들이 더 많았기 때문이다.

1800-1801년의 서원노비 1명당 낸 신공액을 살펴보면, 원노의 경우 1냥을 낸 원노가 각각 278명 중 170명(61.1%), 253명 중 173명(68.3%)으로 가장 많았고, 원비의 경우 1냥을 낸 원비가 각

각 253명 중 113명(44.7%), 150명 중 83명(55.3%)으로 가장 많았다. 신공액은 5전에서 3냥 이상까지 다양하게 있었는데, 원비 중 1냥 초과로 신공을 낸 인원은 1800년 14명, 1801년 3명이 있었다. 이를 보면 법과는 달리 원비도 신공을 냈다는 것을 알 수 있다.

도산서원과의 거리가 멀수록 신공을 내는 노비가 많았고, 가까운 지역의 노비는 신공을 납부하거나 신역을 담당하였다. 신공량은 법에서 규정한 것과는 달랐다. 또한 원비를 중심으로 가족을 파악하였기 때문에 원비의 신공은 사라지지 않았을 것이다.

권상일權相一의 『청대일기淸臺日記』에는 도산서원에서 곡식을 추수하여 얻게 되는 수입은 100석 정도이고, 노비 신공은 1,000냥에 가깝다고 한 내용이 있다. 그는 1733년과 1742년에 도산서원 원장을 하였기 때문에 도산서원의 경제적 상황을 잘 알았을 것이다. 『대전통편』에 의거하여 쌀 1석을 5냥으로 보면, 도산서원에서 곡식을 추수하여 얻게 되는 수입은 500냥이었다. 그런데 노비의 신공은 1,000냥이었기 때문에, 신공으로 거두어들이는 수입이 곡식을 추수하여 얻는 수입보다 2배 정도 더 많았다. 이는 18세기에는 서원이 노비의 신공에 의지하는 정도가 더 컸다는 것을 의미한다.

도산서원 노비의 신공량은 18세기 초·중반에는 1,000냥 정도였으나, 이후 점점 감소하여 1800년에는 473냥으로 축소되었다. 19세기에는 신공을 내지 않는 노비들이 더 많아졌고, 도산서원의 경제는 추수하는 곡식에 더 많이 의존하게 되었다. 그러나 이 시기에도 서원노비들은 여러 장소에 거주하면서 관련 일을 하였고, 그에 대한 대가를 받아서 서원에 신공을 납부하였다.

병산서원 노비안에 나오는 신역으로는 급시給侍가 있는데, 사환과 같은 의미이다. 1663년에는 원비 일춘一春의 일곱째 아들 복명卜命이 있었고, 1666년에는 원비 응개의 여섯째 아들 무봉戊奉과 원비 구등개仇等介의 둘째 아들 일학一鶴, 앞의 1663년 노비안에 나오는 복명이 있었다. 1669년에는 원비 귀대貴代의 여섯째 아들 무봉戊奉과, 앞의 1666년에 나온 일학이 있었다. 원노 복명만 영주에, 나머지는 원저에 거주하였는데, 이후에 급시는 나오지 않았다. 또한 천인賤人 이경기李京己와 양녀良女 춘진春眞의 딸 춘화春化는 용궁에서 입역入役하였다. 이처럼 안동 이외의 지역에 거주하여도 신역을 담당하는 노비가 있었다.

신공의 경우, 1666년 노비안과 1669년 노비안에 '노공奴貢'과 '비공婢貢'으로 신공 대상 노비를 표시하였다. 대상 노비는 1666년에 원노 33명, 원비 22명이 있었고, 이 중 원저에 거주한 노비는 원노 11명, 원비 6명이었다. 1669년에는 원노 28명, 원비 20명이 있었는데, 이 중 원저에 거주한 노비는 원노 12명, 원비 5명이었다. 원저에 거주하면 대체로 서원의 신역을 담당하였는데, 이들은 신공을 냈다. 그러나 어떤 물품을 신공으로 냈는지는 알 수 없다.

1841년 노비안에는 신공 대상 노비와 신공액 및 물품들이 적혀 있다. 신공을 낸 노비는 원노 32명, 원비 10명이고, 이들이 낸 물품은 돈, 종이, 생닭, 짚으로 만든 돗자리, 종이 등이었다. 또한 42명의 노비가 25냥 5전을 내서 한 사람당 평균 5전씩 냈고, 종이는 45속으로 한 사람당 평균 1속을 냈다. 19세기 중반에도 신공은 돈으로 통일되지 않았고 물품도 함께 냈으며, 신공으로 쌀을 내지는 않았다.

병산서원 노비의 신공은 1666년과 1669년의 노비안에서 확인할 수 있었다. 18세기의 신공 물품은 알 수 없으나 19세기에는 쌀 대신 돈이나 종이 등을 냈다. 또한 노비들은 원저에 거주하여도 신공을 납부하였고, 외방에 거주하여도 신역을 담당하기도 하였다.

옥산서원의 신공 담당 노비는 외처수공노비外處收貢奴婢나 타관외거노비他官外居奴婢 등으로 나뉘어서 표기되었고, 노비안 뒤에 따로 구분하여 기재되었으며, 신공액은 한 사람당 1–2냥 정도였다. 옥산서원 노비 역시 앞의 다른 서원의 노비들과 같이 서원 근처에 거주하면서 신공을 담당하였고, 외방에 거주하면서 신역을 맡기도 하였다.

소수서원 노비의 신역과 신공에 대해서는 구체적인 자료가 없지만, 1759년 원중완의院中完議를 통해 이에 대한 몇 가지 규정을 알 수 있다. 첫째, 서원노비를 제대로 파악하지 못하면 공물을 거두기 어렵기 때문에 하나하나 찾아서 노비안에 기재하고 공물을 제대로 거두라고 하였다. 둘째, 노비들에게 공물을 거둘 때에 원래 소수서원 소속 노비와 임시로 소수서원에 소속된 노비를 구분할 것을 제시하였다. 셋째, 외방에 거주하는 노비에게는 쌀 1석씩, 가까운 곳에 거주하면서 신역을 담당한 노비에게는 콩 12두를 내도록 하였다. 넷째, 원노와 양처의 소생과, 임시로 서원에 속한 노비는 거주 지역과 상관없이 콩 12두를 냈다. 즉 소수서원의 외거노비는 신공으로 쌀 1석을 냈고, 원저에 거주하면서 신역을 담당한 노비 및 원노와 양처의 소생, 서원에 임시로 소속된 노비는 콩 12두를 냈다. 이처럼 소수서원 노비 역시 앞의 다른 서원의 노비와 마찬가지로 원저에 거주하면서 서원의 일을 하더라도 신공도 함께 담당하였다.

한편 앞에서도 제시했듯이 서원노비들은 거주 지역에 속한 일을 하면서 그에 대한 대가를 받아서 서원에 신공을 납부하기도 하였다. 첫째, 공적인 장소인 교촌과 역에 거주하면서 신공을 납부하였다. 교촌에서는 1759년 도산서원 원비 점녀의 첫째 딸 수랑守娘과 둘째 딸 해랑亥郞이 신공을 납부하였다. 역에서는 영해 병곡역에 거주한 도산서원 원비 유정의 셋째 아들 금이 암회가 1765-1767년과 1771-1781년 신공안에 속량을 받았다는 기록이 있다. 즉 원노 금이암회는 1765년 이전까지는 신공을 담당하였지만 이후에 속량이 된 것이다. 또한 원비 취랑吹郞의 넷째 아들 수남守男과 다섯째 딸 순랑順娘, 원비 분이의 여섯째 딸 옥단과 옥단의 둘째 딸 주아朱牙, 원비 감덕甘德의 첫째 아들 금남金男은 모두 1765-1767년과 1771-1781년 신공안에 이름이 있었다. 이들은 병곡역에 거주하면서 신공을 담당하였다.

둘째, 다른 서원의 서원촌에 거주하면서 신공을 납부하였다. 1669년 병산서원 원비 금옥, 그의 첫째 딸 옥녀玉女, 둘째 딸 옥개玉介, 셋째 아들 옥남玉男과, 원비 일춘의 넷째 딸 분옥은 이산서원 서원촌에 거주하면서 신공을 납부하였다. 원비 금옥의 다른 자녀들과 분옥의 자녀는 나이가 어려서 신공을 내지 않았다.

셋째, 사찰에 거주하면서 신공을 납부하였다. 도산서원의 경우 1743년 원노 은일銀一이 승려가 되어 청량산 초방사草芳寺에 거주하였는데, 1765-1767년 신공안에 기재되었다. 1743년과 1747년의 노비안에 나오는 원노 험룡驗龍은 승려가 되어 수정사에 거주하였는데, 역시 1765-1767년 신공안에 기재되었다. 병산서원의 경우 1669년에 원비 다물사리의 셋째 아들 천일은 승려가 되어 광흥사에 거주하였는데, '노공'이라고 기재되었다.

관청이나 교촌, 역의 일은 원래 관노비나 교노비, 역노비가 맡았다. 그런데 이러한 장소에도 서원노비가 거주하면서 서원에 신공을 납부하였다. 서원노비들은 거주 장소 안에서 필요한 일을 하면서 일정한 대가를 받았고, 그것으로 서원에 신공을 납부하였다.

조선 후기 공노비 중 중앙에 속한 내노비는 1801년 해방이 되었지만, 지방에 속한 관노비와 역노비 등은 그 대상에서 제외되었다. 왜냐하면 이들에게는 입역의 의무가 있었기 때문이다. 그러나 관노비는 점차 줄어들었고, 한 명의 관노비가 여러 의무를 중첩적으로 담당하게 되면서 도망가는 노비들이 많아졌다. 이들의 부족한 노동력을 보충하기 위한 방법 중 하나가 일정한 대가를 지불하고 사람을 고용하는 것이었다. 따라서 서원노비 역시 이러한 이유로 관청이나 역 등에서 거주하면서 일을 해 주는 대신 대가를 받았고, 그것으로 서원에 신공을 납부하였으며, 대체로 대를 이어서 거주하였던 것이다.

다른 서원의 서원촌에 거주하는 경우도 마찬가지였다. 한 서원의 서원촌 안에는 소속 노비들뿐만 아니라 다른 서원의 노비들도 가족 단위로 대를 이어 거주하는 경우가 많았는데, 이들은 거주하는 서원촌의 일을 하면서 자신이 속한 서원에 신공을 납부하였다. 또한 사족 개인의 집이나 관련 장소에 거주하는 경우도 사족 집의 일을 하면서 서원에 신공을 납부하였다. 사족들은 서원에서 원중차역자에게 급여를 주는 것과 같은 방식으로 서원노비를 이용하였다.

서원노비들은 어느 곳에 거주하더라도 소속이 바뀌지 않았고, 대를 이어 거주하는 경우도 많았으며, 서원에 신공을 납부할 의무가 있었다. 서원의 입장에서는 신공 납부가 제대로 이루어지면 소속 노비가 어느 지역에 거주하든지, 어떤 일을 하든지는 상관이 없었다. 서원노비들은 자신이 거주한 장소에서는 경제적인 관계가, 자신이 소속된 서원과는 신분적인 예속 관계가 있었다.

국가에서는 1755년 이후 신공을 포로 통일하였으나, 서원들은 다양한 물품을 거두었다가 19세기에는 거의 돈으로 통일하였다. 이는 화폐경제가 진행되면서 나타난 현상이었다. 그러나 신공량은 법에서 규정한 것보다 많았고 서원과 거리가 먼 지역일수록 신공을 더 많이 거두었다. 또한 서원에서는 원비의 신공을 계속 확보하여 서원의 재정에 도움이 되고자 하였다. 한편 거주 지역이 원저라고 해서 신역만 담당하고, 외방이라고 하여 신공만 담당하는 것은 아니었다. 원저에 거주하더라도 신공을 담당하고, 외방에 거주하더라도 신역을 담당하는 경우도 있었다.

신역이나 신공이 면제되는 경우

신분 상승: 속량贖良

서원노비는 신공이나 신역을 통해 서원에 경제적인 의무를 다하였는데, 여러 이유로 의무에서 벗어나기도 하였다. 우선 신분 자체가 양인이 되어서 서원에서 벗어나는 경우가 있다.

『속대전』에서는 속량을 대구속량代口贖良과 납전속량納錢贖良으로 나누어 규정하였다. 대구속량은 나이가 비슷하고 병이 없는 노비로 대신하게 하는 것인데, 대체로 같은 성별끼리 하였다. 납전속량은 돈을 내고 속량받는 것으로, 최대 100냥을 넘을 수 없었다. 『경국대전』에 나오지 않은 노비 속량에 대한 규정이 『속대전』에 나왔다는 것은, 조선 후기에는 속량을 할 수 있을 정도로 노비의 경제력이 높아졌다고 할 수 있다. 여기에서는 속량된 노비가 많이 나오는 서원을 중심으로 속량에 대한 내용을 살펴보겠다.

도산서원의 경우, 18세기에 속량을 받은 노비를 살펴보면, 1771-1781년에 원노 21명, 원비 1명으로 가장 많았다. 18세기 도산서원 노비 속량의 특징은 다음과 같다. 첫째, 가족 여러 명이 함께 속량되었다. 1708년 원비 애개愛介의 6자녀 중 세 아들 달이達伊·계달戒達·적이赤伊, 1747년에는 원비 점랑占娘의 5자녀 중 둘째 딸 팽이彭伊와 넷째 딸 윤지允之가 속량을 받았다.

　둘째, 대납노비代納奴婢나 매납노비買納奴婢를 이용하여 속량받았는데 모두 대구속량으로, 대부분 1743년과 1747년에 있었다. 원비 자향自向의 아들 중태仲太는 대납노代納奴 칠남七男과 도남道男, 자향의 딸 중랑仲郎은 대납비代納婢 우덕右德, 원비 막생莫生은 매납비買納婢 막절莫節, 원노 갯동㖈同은 매납노買納奴 분선分先, 원비 박립朴立은 매납비 자녀自女, 원비 자명自命은 매납비 명랑命娘 등을 통해 속량되었다. 원래 노는 노로 대신하고 비는 비로 대신해야 하는데, 비가 노를 대신하는 경우도 있었다.

　셋째, 신공을 먼저 면제받고 난 후에 속량이 이루어진 경우인데, 이는 노비가 자신의 의무에서 벗어났다가 신분이 바뀐 것이다. 1743년에 원노 중태의 대납노 칠남과 도남은 서원에 소를 바쳐서 신공을 면제받았다가 1747년에 속량되었다.

　넷째, 앞 시기와 중복되는 노비들은 뒤의 노비안이나 신공안에도 속량을 받은 것을 지속적으로 언급하였다.

다섯째, 18세기에는 속량 노비가 22명으로 가장 많은데, 뒤의 19세기를 보면 2-3배 이상으로 증가하였다. 또한 한번 속량이 되면 대를 이어서 계속 속량되는 경우가 많았다.

다음으로 19세기에 속량을 받은 도산서원 노비를 살펴보겠다. 1828년에 원노 46명, 원비 22명으로 가장 많은 서원노비가 속량을 받았다. 19세기 도산서원 노비 속량의 특징은 다음과 같다. 첫째, 18세기보다 속량이 훨씬 많이 증가하였다. 남아 있는 자료의 한계가 있겠지만 전반적으로 노비 속량이 증가하였고, 특히 영해와 영양 거주 노비들의 속량이 많았다.

둘째, 원저 노비의 속량은 없었고 서원과 가까운 지역의 속량은 다른 지역보다 적게 나타났다. 속량을 위해서는 그에 대한 대가를 지불해야 하는데, 서원과 거리가 먼 지역에 거주하면서 자신의 생계수단을 가지고 있는 납공노비가 신역을 주로 담당하는 원저 노비보다 속량받기 좀 더 유리했을 것이다.

셋째, 하나의 가족이 대를 이어 속량되었다. 원비 이단己丹에게는 첫째 딸 천심千心과 둘째 딸 정심丁心이 있었다. 이단의 첫째 딸 천심과, 그의 첫째 아들 인득仁得, 둘째 아들 인철仁哲, 넷째 아들 인학仁學, 모두 4명이 1808년 4월 3일에 속량되었는데, 셋째 아들은 이미 사망하여 속량 대상에 포함되지 않았다. 이단의 둘째 딸 정심과, 그의 첫째 딸 일점一占, 둘째 딸 수경水京, 셋째 딸 수점水占도 모두 속량되었다. 이단의 자녀들뿐만 아니라 그들의 후손까지 한 가족이 모두 같이 속량된 것이다.

넷째, 속량가의 구체적인 액수가 적혀 있었다. 19세기에는 18세기와는 달리 납전속량이 많이 보였다. 앞에서 살펴본 정심 가족은 1823년에 140냥을 서원에 냈다. 성단性丹과 그녀의 두 자녀, 성단의 첫째 딸 득열得悅의 자녀 4명, 모두 7명은 1812년 에 150냥을 내고 속량되었다. 속량가를 한꺼번에 내는 경우가 많아서 원노와 원비의 차이를 잘 파악할 수 없지만, 대체로 1인 당 20냥에서 많게는 100냥을 넘었다. 속량가는 최고 100냥을 넘길 수 없었지만, 초과되기도 하였다.

다섯째, 속량 이후에도 서원에 돈을 더 내는 경우가 있었다. 법적으로는 양인이 되어 서원의 지배력에서 벗어났지만 실제 로는 아직 서원의 영향력 안에 있었다. 앞에서 살펴본 천심 가 족은 1808년에 속량된 이후, 1811년에 10냥, 1818년에 20냥, 1819년에 40냥을 추가로 더 냈다. 천심의 첫째 아들 인득은 속 량이 된 후에도 1840년에 속량가 60냥을 더 냈다. 원비 점이占伊 와 그의 세 자녀는 모두 1826년에 속량되었는데, 첫째와 둘째는 1827년에 210냥을 더 냈고, 셋째는 1834년에 50냥을 더 냈다.

여섯째, 다른 서원의 서원촌에 거주하던 노비의 속량이 있 었다. 1828년부터 나오는 귀랑의 세 자녀와, 귀랑의 딸 중 대랑,

대랑의 딸 점이, 점이의 세 딸은 모두 함께 정산서원 서원촌에 거주하면서 속량을 받았다. 그런데 점이의 세 딸은 앞에서 보았듯이 추가로 속량가를 더 냈고, 1861년에는 '재속再贖'이 되었다. 이들은 도산서원 노비이기는 하지만 정산서원 서원촌에서 대를 이어 살았기에 도산서원의 입장에서는 이들에게 속량가를 받는 것이 유리했을 것이고, 추가로 속량가를 몇 번 더 받기도 하였다. 따라서 이 노비 가족은 속량가를 감당할 능력이 되었다고 할 수 있다.

19세기 도산서원 노비 속량의 특징 중에서 다섯째와 여섯째는 서원노비의 속량 증가에 따른 폐단이라고 할 수 있다. 이러한 폐단이 많아지자 국가에서는 여러 대책을 강구하였는데, 장예원掌隸院에서는 주인이 다른 노와 비가 혼인하여 낳은 자녀가 속량되었는데도 노의 주인이 다시 침탈할 때는 압량법壓良法에 의거하여 금단할 것을 청하였고, 속량을 중복으로 하는 것도 금지시켰다. 국가는 노비의 속량을 보장해 주었고, 속량은 점차 확대되었다. 조선 후기에 속량된 서원노비들은 대체로 납공노비 가운데 경제력이 있는 사람들이었다.

도산서원 속량의 특징은 18세기의 경우 가족별로 속량되는 경우가 있었고, 자신의 신공을 대신하여 납부할 노비를 세우기도 하였다는 것이다. 18세기 후반으로 갈수록 속량을 받은 노비들이 점차 늘어나서 19세기에는 18세기보다 속량이 더 많아졌고, 구체적인 속량가가 기재되었다. 한 번 속량이 된 후에 재속량이 이루어진 경우도 있었는데, 그때마다 속량가를 추가로 더 냈다. 다른 서원의 서원촌에 거주하는 노비 역시 속량을 받았다. 속량가가 높고 재속량이 이루어졌다는 것은 서원에서 강제적으로 속량을 하게 했을 가능성도 있었다. 서원의 입장에서는 노비에게 신공을 받는 것보다 속량가를 많이 받는 것이 유리하였다.

병산서원의 경우, 속량을 받은 노비는 1738년에 원노 4명, 1750년에 원노 3명과 원비 5명, 1762년에 원노 5명과 원비 6명, 1841년에 원노 1명과 원비 5명, 성별 미상 2명이 있었다. 병산서원 노비 속량의 특징은, 첫째, 한 가족이 함께 속량되는 경우가 있었다는 것이다. 1750년 2월에 원비 구월九月의 첫째 딸 설랑雪娘과, 설랑의 첫째 딸 권랑權娘, 둘째 딸 다랑多娘, 셋째 아들 부리夫里, 넷째 딸 단심丹心, 다섯째 딸 아지阿只, 여섯째 아들 우부리又夫里가, 1762년에는 원비 사월四月의 둘째 딸 사녀士女와 그의 첫째 딸 자절녀自卩女, 자절녀의 딸 점덕占德이 모두 속량되었다.

둘째, 한 가족 안에서 일부는 속량으로, 일부는 방매放賣로 흩어졌다. 1738년에 사월의 첫째 아들 어둔於屯과 셋째 아들 거사리擧沙里가 속량되었는데, 어둔의 두 딸인 신단辛丹과 연아延牙

는 어둔이 속량되기 전에 누군가에게 팔렸다. 속량과 방매는 모두 서원에서 노비를 내보내는 것이었다. 서원의 입장에서는 신역이나 신공을 받는 것보다 이득이 된다면 어떤 방법이든지 돈을 받고 노비를 보내는 것이 좋았다.

도남서원에서 속량을 받은 노비는 1754년 원노 10명, 1771년 원노 1명과 원비 3명, 1807년 원노 10명과 원비 10명, 1829년 원비 3명, 1838년 원비 5명이 있었다. 도남서원 노비 속량의 특징은, 첫째, 한 가족을 중심으로 이루어지는 경우가 있었다. 1807년에 원비 산덕山德의 넷째 딸 말랑ᅕᅳ娘과, 말랑의 첫째 아들 복손卜孫, 둘째 아들 복대卜大, 셋째 아들 옥종玉宗, 산덕의 다섯째 아들 약순若順, 산덕의 여덟째 딸 연춘連春의 첫째 아들 귀득貴得 등 보례의 손자녀와 증손자 등이 함께 속량되었다. 또한 원비 춘양春陽의 다섯째 딸 갑광甲光의 첫째 딸 직절直節, 직절의 첫째 딸 찰안察安과 둘째 아들 이득已得, 갑광의 넷째 아들 등금等金 역시 속량을 받았다. 그리고 복열卜烈의 셋째 딸 건리덕件里德과 건리덕의 넷째 아들 개이介伊, 다섯째 아들 아지阿只는 모두 1832년에 속량되었다.

둘째, 구체적인 속량의 이유와 속량가가 노비안에 기재되었고, 재속량을 하기도 하였다. 1771년 봄에 원비 선애善愛의 넷째 딸 분이分伊, 다섯째 딸 점분占分, 여섯째 딸 열이烈伊가 묘우를 중수해서 속량을 받았다. 산덕의 다섯째 아들 약순은 승노로서 1775년에 50냥을 내고 속량을 받았지만, 1781년에는 120냥을 더 냈고, 이 돈은 도남서원 중수에 사용하였다. 즉 원노 약순은 50냥으로 속량을 받았음에도 120냥을 추가로 지불하여 다시 속량을 받았다. 1838년에는 원비 자근매者斤每의 여섯째 딸 절이節伊와, 원비 점열点烈의 둘째 딸 아지牙只가 각각 25냥씩 내서 속량되었다.

셋째, 다른 서원과는 다르게 속량이 이루어진 노비는 노비안에서 삭제하였다. 원비 소애小愛와 그의 첫째 딸 계월桂月, 둘째 딸 계심桂心은 1821년 봄과 1822년에 속량받았다. 관청에서는 이를 증명하는 문서인 사급입안斜給立案을 발급해 주었고, 노비안에서 이들의 이름을 지우라고 하여서 이들은 이후 노비안에는 나오지 않았다. 또한 다른 노비도 속량을 받은 이후로는 노비 이름 위에 빨간 줄을 그어서 실제로 도남서원 소속이 아님을 분명히 밝혔다.

소수서원에서 속량을 받은 노비는 1762년 원노 11명, 1783년 원노 11명이 있었고, 모두 원노만 속량을 받았다. 하나의 가족이 모두 속량을 받은 경우에도 자녀들은 모두 원노였고, 어머니인 원비의 속량 여부는 나오지 않았다.

1762년 원비 차분次分의 아들 해방亥方·해걸주亥乞酒·해봉亥

奉·해숭亥崇·걸시乫屎가 모두 속량되었는데, 둘째 해걸주와 넷째 해숭은 1767년 12월에 속량되었다. 이들의 속량은 1762년 노비 안 작성 이후 추가로 이루어졌다. 그리고 원비 영춘令春의 셋째 아들 귀업貴業과, 원비 항이缸伊의 셋째 아들 세홍世興, 원비 악이岳伊의 첫째 아들 취성就成과 둘째 아들 태성太成, 취성의 첫째 아들 폐보陛寶가 속량을 받았다. 한편, 원비 종덕終德의 첫째 아들 양봉陽奉은 1771년에 신공을 먼저 면제받았다가 1774년에 속량 이 되었다.

18세기 중반 이후 서원노비의 속량이 증가하였는데, 이는 서원의 재정 사정이 어렵거나 나이가 많아 신공을 내지 못하는 노비를 정리한다는 의미도 있었다. 또한 서원에서 강제적으로 속량을 요구하여 노비들이 어쩔 수 없이 속량가를 감당하는 경 우도 있었다. 강제적으로 속량이 이루어졌다고 생각한 이유는 한 번의 속량으로 그치는 것이 아니라 재속량이 몇 번씩 있었 고, 그때마다 노비들은 속량가를 냈기 때문이다. 서원에서는 경 제력이 있는 노비에게 속량을 요구하였고, 서원의 입장에서는 신공을 받는 것보다 속량가를 받는 것이 더 유리했을 수 있다. 이처럼 속량은 노비의 신분 상승의 의미도 있었지만 서원의 경 제적 상황에 따라 이루어지는 경우도 있었다.

신분 유지: 면역免役

노비가 신분의 변화 없이 신역이나 신공을 면제받을 수 있는 합법적인 방법은 제공除貢·시정侍丁·차지次知가 있다.

제공은 신공이나 신역을 면제하는 것으로, 『경국대전』에서는 15세 이하 60세 이상인 경우, 매우 위독한 병에 걸린 경우, 낳은 자녀가 3명 이상인 경우에 신역이나 신공을 면제한다고 되어 있었다.

시정은 부모를 봉양하거나 가족 수가 많은 노비의 신공을 면제해 주는 것이다. 부모의 나이 70세 이상으로 자녀 3명 이상이 신역이나 신공을 지는 경우는 1명, 부모의 나이 80세 이상은 2명, 90세 이상은 모든 자녀의 신역이나 신공을 모두 면제해 주었다. 이는 원래 공천公賤에게만 적용되었는데, 1444년(세종 26) 의정부에서 사천私賤에게도 시정을 인정할 것을 건의하였고, 이것이 『경국대전』에 반영되었다.

차지는 다른 사람을 대신해서 형벌을 받는 하인이거나 주인의 집안일을 맡아보던 사람으로, 서원에서는 신공 수취를 담당한 사람이었다. 대부분 신공을 내는 노비와 친인척 관계에 있으면서 신공 수취를 담당하였고, 신공 납부 대상은 아니었지만 납부에 대한 연대 책임이 있었기에, 외방에 거주하여 파악하기 어러운 노비들의 신공을 쉽게 거둘 수 있었다. 여기에서는 신공 면제 사유와 관련한 내용이 많이 나오는 서원을 중심으로 그 특징을 살펴보겠다.

18세기 도산서원 노비는 제공으로 신공을 가장 많이 면제받았다. '제공'의 구체적인 사유는 소를 바치거나, 땅을 바치거나, 돈을 바치는 등 무엇인가를 서원에 제공하거나, 노비가 병에 걸린 경우이다. 병에 걸린 노비의 경우, 구체적인 병명을 제시하였는데, 예를 들어 간질, 곱사등이, 학질, 맹인, 벙어리, 중풍 등이었다. 심지어 진짜로 병으로 몸을 제대로 쓰지 못하는 것인지 확인하는 경우도 있었다. 그러다가 18세기 후반으로 갈수록 구체적인 병명을 기재하는 경우가 줄어들면서 단순히 '병病'이나 '병폐病廢'로만 신공 면제 사유를 언급하였고, 단순히 늙어서 신공이 면제된다는 '노제老除'라고 기재되는 경우가 점차 늘어났다. 19세기 제공의 구체적 사유는 거의 '노제'였다. 나이가 60세가 되지 않았어도 '노제'라고 기재되거나, 나이가 60세가 넘었어도 '제'라고 기재되는 경우도 있었다. 앞의 속량과 같이 가족별로 신공을 면제받는 경우가 많았는데, 동시에 면제받거나 시간을 두고 순차적으로 면제받기도 하였다.

시정은 1737년부터 나오기 시작하였다. 앞의 속량과 같이 가족 중 한 명이 시정이 되면 지속되었고, 처음에는 가족 수에 따라서 주어졌으나 차츰 기준이 모호해졌다. 19세기에는 1819년에 시정 1명만 나오기 때문에 이로 인해 신공이 면제되는 경우가 점차 사라졌던 것으로 보인다.

차지는 18세기에는 잘 나타나지 않다가 19세기에 늘어났다. 신공 대상자와 차지는 여러 관계가 있었는데, 삼촌과 조카, 이모와 조카, 사촌 또는 오촌 사이, 남매 또는 형제, 형부와 처제 등이 있었다. 한편 가족이 중첩적으로 차지를 하는 경우도 있었다. 원비 유란의 첫째 딸 쾌점快占은 사촌 월손月孫과 선봉先奉에게 신공을 냈고, 유란의 둘째 아들 쾌삼快三도 사촌 월손에게 신공을 냈다. 쾌점의 첫째 딸 녹손祿孫과 둘째 딸 화경花景은 쾌점과 쾌삼의 동생인 정손丁孫과 금손金孫에게 신공을 냈다. 즉 사촌과 삼촌이 차지였다. 이 가족은 경주 동강서원 근처에 거주하였다.

옥산서원 노비의 신공 면제 사유는 차지가 대부분이었고, 제공의 구체적인 사유는 대체로 노제였다. 차지와 신공 대상자는 남매, 이모와 조카, 사촌 등의 가족 관계가 많이 나타났다.

1758년 노비안 수공질收貢秩과 추가적으로 쓰인 '노비금년수공초奴婢今年收貢抄'에 차지가 가장 많이 나왔다. 예를 들어, 원비 계량은 동생 원노 배남裵男이 자신의 차지인데, 50세가 다 되어서 신공을 내기 어렵다고 하면서 배남이 대신 신공을 납부한다고 하였다. 이는 신공 대상자가 신공을 제대로 납부하지 못할 때에 차지에게 책임을 전가시킨 것이다. 원비 자절작自卩作의 차지는 동생 득무得武, 원비 계단戒丹의 차지는 동생 계우戒右, 원비 진단進丹의 차지는 동생 진금進金 등 남매 사이가 신공 대상자와 차지의 관계였다. 또한 원비 이단의 차지는 1747년에는 동생 자음봉者音奉이, 1758년에는 이단과 그의 두 자녀의 차지를 자음봉의 아들 자음술者音述이 맡았다. 아버지와 아들이 모두 차지를 담당하였고, 자음술은 자신의 이모와 사촌들의 신공을 수취하였다.

병산서원 노비의 신공 면제 사유도 제공과 시정, 차지가 있었는데, 앞의 옥산서원과 마찬가지로 제공의 구체적인 사유는 대체로 노제였고, 병에 걸려 신공을 면제받은 노비도 있었다.

시정을 맡은 노는 1738년에 1명이 있었는데, 원비 진춘辰春의 여섯째 아들 선봉先奉이었다. 진춘은 6명의 자녀가 있었고, 진춘의 둘째 딸 팔녀八女와 넷째 딸 팔분八分에게도 자녀가 있었다. 시정은 가족 수가 많은 노비의 신공에 대한 감면 조치였기 때문에 선봉이 시정을 맡은 것이다.

차지는 1762년에 원노 1명이 있었다. 원비 팔녀八女의 넷째 딸 일단一丹의 아들 무량無良의 신공을 그의 외삼촌이자 일단의 동생인 원노 일삼一三이 거두었다. 팔녀는 앞의 시정에서 나온 진춘의 둘째 딸이다. 한 가족 안에서 시정을 맡은 원노 선봉과 차지를 맡은 원노 일상이 함께 있었던 것이다. 여기에서 신공 대상자와 차지의 관계는 조카와 외삼촌 사이였다. 이처럼 앞의 도산서원과 옥산서원의 경우와 같이 신공 대상자와 차지는 보통 한 가족이었다.

도동서원 노비의 신공 면제 사유는 제공과 차지였다. 제공의 경우 '노제'라는 용어 대신 '노탈老頉'이라는 용어를 사용하기도 하였다. 병에 걸려 신공이 면제된 노비도 있었는데, 1681년 귀대貴代의 둘째 딸 정랑正郞은 병에 걸려서 신공이 면제되었지만, 1702년에는 병이 나아서 '병폐'라는 용어를 쓰지 않았다. 차지는 원노 1명이 있었다. 이대李代의 셋째 아들 옥생玉生은 차지를 통해서 신공을 냈는데, 차지의 이름과 신공 대상자와의 관계는 알 수 없었다.

소수서원의 경우 1706년 원중입의에 신역 관련 내용이 있었다. 노비의 나이가 만 50세 이상이고 자녀 3명이 역을 담당하면 신역을 면제해 주었고, 원노가 다른 소속의 비와 혼인할 경우에는 60세 이후에 신역을 면제해 주었다. 또 원비의 자녀 2명이 역을 담당하면 55세 이후 신역을 면제해 주었다. 그리고 노비안에는 제공도 있었는데, 대체로 노제와 병이었고, 귀머거리, 벙어리, 맹인 등의 구체적인 병명을 기재하기도 하였다.

도남서원에서는 노비의 신공 면제 사유로 제공이 있었는데, 1739년 원노 1명, 1754년 원노 3명과 원비 1명, 1807년 원노 1명이 있었다.

정리하면 서원노비의 신공을 면제해 주는 방법은 여러 가지가 있었다. 이 중 속량은 반드시 서원에 대가를 지불해야 하였고, 단순히 나이가 많아서 신역이나 신공이 제외되는 경우도 있었지만 서원에 무엇인가를 바쳐야 하는 경우도 있었다. 서원에서는 서원노비에게 신공을 거두는 것이 점차 어려워지면서 이들의 가족이나 친척을 차지로 사용하여 신공 대상자들의 신공을 거두었고, 신공량을 채우지 못하면 차지 역시 공동 책임을 지게 하였다. 또한 속량이나 제공 등의 방법을 이용하여 서원에 손해가 되지 않게 하였다.

4

서원노비의 혼인과
가족은 어떠했을까?

신분의 법적인 변화

노비는 부모 중 어느 한 쪽이 노비이면 자녀도 노비였고, 천인 사이의 혼인으로 태어난 자녀는 어머니 쪽의 주인에게 소유권이 있었다. 사족들은 자신의 노奴와 평민 여자와의 혼인을 통해서, 또는 노비를 사거나 팔아서, 또는 상속 등의 방식을 통해서 노비를 증가시키고자 하였다. 가장 좋은 방법 중 하나가 혼인이었다. 그러나 국가에서는 양인이 감소할 수 있기에, 양인과 천인의 혼인을 금지하였다.

『경국대전』에서는 천인의 소속은 그 어머니의 역을 따르고, 오직 천인이 양인 여자와 혼인하여 낳은 자녀만 그 아버지의 역을 따른다고 규정하여 종천법從賤法을 실시하였다. 이로 인해 노비의 인구는 증가하였지만 양인의 인구는 급격히 감소하였고, 임진왜란과 병자호란을 겪으면서 인명 손실이 컸다.

이로 인해 국가 재정이 궁핍하게 되자 1669년(현종 10) 종모종량법從母從良法이 실시되었다. 이에 의해 어머니가 양인이면 아버지가 천인이라도 자녀는 어머니를 따라 양인이 되었다. 그 후 1675년(숙종 1)에 환천還賤되었다가 1681년(숙종 7)에 다시 종량되었고, 1689년(숙종 15) 다시 환천되었는데, 이미 속량되어 양역을 지는 사람은 해당되지 않았다.

서원노비의 혼인과 관련해서는, 1681년 종모종량법이 시행될 때에 지사知事 민유중閔維重은 공사천公私賤 중에 역리驛吏에게 시집가거나 양녀良女에게 장가간 후에 낳은 자녀를 역에 환속시키고 있는데 향교와 서원은 다르게 해야 한다고 하였고, 숙종은 이들을 향교와 서원에 되돌려 주는 것이 옳다고 보았다. 이 당시 서원노비는 종모종량법과는 관련 없이 어떤 신분과 혼인하든지 그 자녀는 모두 서원 소속이 되었다. 그 후 1731년(영조 7)에 종량이 제도화되어 천인의 소생은 모두 어머니의 역을 따르게 되었다.

여기에서는 서원노비의 배우자와 자녀의 성격에 대해 1731년 종모법 전후 노비의 혼인 양상을 모두 파악할 수 있는 도산서원·옥산서원·병산서원의 노비를 중심으로 살펴보겠다. 가장 빠른 시기의 자료가 있는 서원부터 언급하겠다.

서원노비의 배우자와 자녀의 성격

도산서원 노비

도산서원에서 서원노비의 배우자와 자녀를 알 수 있는 자료는 17세기 원속안 1건, 18세기 노비안 9건, 19세기 노비안 5건, 총 15건이 있다. 여기에 나오는 내용을 중심으로 종모법 이전과 종모법 이후의 상황을 비교해 보자.

연도		1619년 원속안					1700년 노비안					1708년 노비안				
혼인 상대		혼인 건수	자녀 수				혼인 건수	자녀 수				혼인 건수	자녀 수			
			원노	원비	미상	합		원노	원비	미상	합		원노	원비	미상	합
원비	원노	6 (15.4%)	8	14	0	22 (22.9%)	11 (3.7%)	8	5	0	13 (2.3%)	47 (11.9%)	45	26	4	75 (8.0%)
	공노	1 (2.7%)	2	4	0	6 (6.3%)	22 (7.3%)	24	19	2	45 (7.7%)	14 (3.5%)	22	18	5	45 (4.8%)
	사노	5 (12.8%)	6	3	1	10 (10.4%)	42 (14.0%)	62	53	2	117 (20.1%)	34 (8.6%)	76	56	19	151 (16.2%)
	이(吏)	-	-	-	-	-	-	-	-	-	-	1 (0.3%)	0	0	0	0
	양인	8 (20.5%)	5	12	0	17 (17.7%)	12 (4.0%)	16	14	0	30 (5.1%)	7 (1.8%)	6	7	2	15 (1.6%)
	미상	8 (20.5%)	16	15	1	32 (33.3%)	126 (42.1%)	156	126	1	283 (48.5%)	84 (46.6%)	235	194	39	468 (50.2%)

	혼인 상대	혼인건수	원노	원비	미상	합	혼인건수	원노	원비	미상	합	혼인건수	원노	원비	미상	합
원노	공비	-	-	-	-	-	10 (3.3%)	0	0	0	0	1 (0.3%)	0	0	0	0
	사비	4 (10.2%)	0	0	0	0	36 (12.0%)	0	0	0	0	46 (11.6%)	0	0	0	0
	타원비 (他院婢)	-	-	-	-	-	-					2 (0.5%)	0	0	0	0
	양녀	7 (17.9%)	6	3	0	9 (9.4%)	39 (13.0%)	54	34	0	88 (15.1%)	56 (14.2%)	94	63	5	162 (17.5%)
	미상	-	-	-	-	-	1 (0.6%)	3	4	0	7 (1.2%)	3 (0.7%)	7	9	0	16 (1.7%)
	도합	39	43	51	2	96	299	323	255	5	583	295	485	373	74	932

연도		1715년 노비안					1737년 노비안					1743년 노비안				
혼인 상대		혼인건수	자녀 수				혼인건수	자녀 수				혼인건수	자녀 수			
			원노	원비	미상	합		원노	원비	미상	합		원노	원비	미상	합
원비	원노	21 (5.2%)	19	11	0	30 (2.6%)	-	-	-	-	-	-	-	-	-	-
	공노	8 (1.9%)	14	12	0	26 (2.2%)	-	-	-	-	-	-	-	-	-	-
	사노	19 (4.7%)	38	33	2	73 (6.2%)	4 (3.5%)	0	0	0	0	2 (0.5%)	0	0	0	0
	타원노 (他院奴)	1 (0.2%)	0	0	0	0	-	-	-	-	-	-	-	-	-	-
	이(吏)	2 (0.5%)	1	0	0	1 (0.2%)	-	-	-	-	-	-	-	-	-	-
	양인	6 (1.5%)	10	8	0	18 (1.5%)	-	-	-	-	-	1 (0.2%)	0	0	0	0
	미상	280 (68.8%)	407	406	50	863 (73.4%)	100 (87.7%)	66	86	22	174 (93.0%)	354 (84.7%)	598	593	202	1,393 (86.8%)
원노	공비	5 (1.2%)	0	0	0	0	-	-	-	-	-	-	-	-	-	-
	사비	13 (3.2%)	0	0	0	0	-	-	-	-	-	1 (0.2%)	0	0	0	0
	양녀	52 (12.8%)	90	68	6	164 (13.9%)	10 (8.8%)	5	5	3	13 (7.0%)	60 (14.4%)	104	82	26	212 (13.2%)
	도합	407	579	538	58	1,175	114	71	91	25	187	418	702	675	228	1,605

연도		1747년 노비안					1759년 노비안					1795년 노비안				
혼인 상대		혼인건수	자녀 수				혼인건수	자녀 수				혼인건수	자녀 수			
			원노	원비	미상	합		원노	원비	미상	합		원노	원비	미상	합
원비	원노	2 (0.4%)	3	1	1	5 (0.2%)	4 (1.1%)	7	5	0	12 (1.0%)	3 (0.5%)	3	4	0	7 (0.6%)
	사노	1 (0.2%)	0	0	0	0	-	-	-	-	-	-	-	-	-	-
	양인	-	-	-	-	-	2 (0.5%)	0	0	0	0	1 (0.2%)	0	0	0	0
	미상	425 (84.0%)	653	697	233	1,583 (86.2%)	333 (88.3%)	447	438	173	1,058 (88.2%)	543 (92.5%)	723	721	11	1,274 (92.4%)

원노	공비	1 (0.2%)	0	0	0	0	–	–	–	–		–	–	–	–	
	양녀	77 (15.2%)	129	95	25	249 (13.6%)	38 (10.1%)	72	43	15	130 (10.8%)	40 (6.8%)	48	49	0	97 (7.0%)
도합		506	785	793	259	1,837	377	526	486	188	1,200	587	771	770	11	1,378

연도		1798년 이후 노비안					1819년 노비안					1828년 노비안				
혼인 상대		혼인건수	자녀 수				혼인건수	자녀 수				혼인건수	자녀 수			
			원노	원비	미상	합		원노	원비	미상	합		원노	원비	미상	합
원비	원노	1 (0.4%)	1	0	0	1 (1.4%)	14 (3.2%)	22	15	3	40 (2.6%)	16 (2.1%)	30	27	1	58 (2.3%)
	사노	–	–	–	–	–	1 (0.2%)	0	0	0	0	1 (0.1%)	2	0	0	2 (0.08%)
	양인	–	–	–	–	–	1 (0.2%)	0	1	0	1 (0.1%)	1 (0.1%)	0	1	0	1 (0.02%)
	미상	329 (99.0%)	338	292	4	634 (98.6%)	435 (96.2%)	710	694	67	1,471 (97.3%)	793 (97.6%)	1,164	1,166	104	2,434 (97.6%)
	사비	–	–	–	–	–	1 (0.2%)	0	0	0	0	–	–	–	–	–
원노	양녀	2 (0.6%)	5	3	0	8 (1.2%)	–	–	–	–	–	–	–	–	–	–
	미상	–	–	–	–	–	–	–	–	–	–	1 (0.1%)	0	0	0	0
도합		332	344	295	4	643	452	732	710	70	1,512	812	1,196	1,194	105	2,495

연도		1833년 노비안					1843년 노비안					1861년 노비안				
혼인 상대		혼인건수	자녀 수				혼인건수	자녀 수				혼인건수	자녀 수			
			원노	원비	미상	합		원노	원비	미상	합		원노	원비	미상	합
원비	원노	20 (3.2%)	32	26	0	58 (3.0%)	24 (3.7%)	31	36	2	69 (3.5%)	14 (8.2%)	33	28	0	61 (4.8%)
	공노	–	–	–	–	–	1 (0.2%)	2	2	0	4 (0.2%)	–	–	–	–	–
	사노	2 (0.4%)	2	2	0	4 (0.3%)	1 (0.2%)	2	2	0	4 (0.2%)	–	–	–	–	–
	양반	–	–	–	–	–	1 (0.2%)	1	2	0	3 (0.2%)	–	–	–	–	–
	미상	600 (96.4%)	889	889	56	1,834 (96.7%)	598 (95.7%)	850	907	107	1,864 (95.9%)	156 (91.2%)	571	590	36	1,197 (95.1%)
도합		622	923	917	56	1,896	625	886	947	109	1,942	171	604	619	36	1,259

(단위: 명)

표 3 　도산서원 노비의 혼인 상대와 자녀 수

도산서원에서는 1619년부터 다양한 혼인 관계가 있었고, 18세기에 더욱 증가하였다. 1619년에는 원비의 경우 혼인 상대로 원노·공노·사노·양인·미상이 있었고, 원노의 경우 사비와 양녀가 있어서 7종류의 혼인 관계 총 39건이 있었다. 이 중 원비와 미상의 혼인과, 원비와 양인의 혼인이 각각 8건으로 가장 많았고, 자녀의 수는 원비와 미상의 혼인으로 태어난 자녀가 32명(33.3%)으로 가장 많은 비중을 차지하였다. 이렇게 원비의 혼인 상대를 기재하지 않는 경우가 많았는데, 비의 경우 혼인 상대의 신분이나 소속에 관계없이 그 자녀는 대체로 어머니인 비의 주인에게 소속되기 때문에 특별한 경우가 아니면 비의 혼인 상대를 언급하지 않아도 문제가 되지 않았다. 또한 18세기에는 원노의 혼인 상대가 미상인 경우가 있는데, 이들의 자녀가 서원에 소속된 것으로 나오기 때문에 혼인 상대는 같은 서원의 비일 확률이 높고, 혹은 양녀일 수도 있었다.

18세기에는 1619년보다 혼인 상대가 다양해졌지만, 원노와 양녀, 원노와 미상의 혼인으로 태어난 자녀를 제외하면 노비안에 기재되지 않았다. 자녀는 어머니의 소속을 따라야 했기에 서원에서는 원노와 공비, 원노와 사비의 혼인을 원하지 않았지만, 실제로는 이러한 혼인이 있었다. 한편 원노와 양녀의 혼인으로 태어난 자녀는 일천즉천에 의거하여 노비가 되었기에 양반들도 자신의 노비 증가를 위해 이 혼인을 많이 이용하였다.

종모법 이전의 원비와 미상의 혼인은 1708년까지 전체의 50% 가까이 되었다가 1715년에는 70% 가까이 증가하였고, 자녀 역시 50% 가까이에서 70% 이상 증가하였다. 이 혼인 유형이 가장 많이 이루어졌고 여기에서 태어난 자녀도 가장 많다. 원노와 미상의 혼인은 1700년에 1건, 1708년에 3건이 있었지만, 여기에서의 미상은 원비 또는 양녀로 추정된다. 원비와 원노의 혼인은 1708년에 47건(11.9%), 자녀는 85명으로 증가하였다가 1715년에 혼인 21건(5.2%), 자녀 30명으로 줄어들었다. 여기서 원노비를 '반노비班奴婢'라고 쓰기도 하였는데, 원노비의 혼인 상대 신분을 이렇게 표시하는 경우가 많았다.

원노비와 공노비의 혼인은 1700년에서 1715년까지 지속적으로 있었다. 원비와 공노의 혼인에서 공노는 대부분 시노였고, 내수사에 소속된 내노內奴, 지방 관청에 소속된 관노官奴와 혼인하기도 하였다. 이들의 자녀는 어머니의 소속이라서 노비안에 기재되었다. 원노와 공비의 혼인에서 공비는 시비와 역비驛婢였다. 이들의 자녀는 모두 어머니 쪽의 소속이어서 노비안에 기재되지 않았다.

원노비와 사노비의 혼인에서 원비와 사노의 혼인은 1700년에 42건, 자녀는 117명(20.7%)으로 가장 많았고, 원비와 미상, 원노와 양녀의 혼인 다음으로 많았다. 뒤로 갈수록 혼인 건수와 자녀의 비중은 점차 줄어들었다.

신분이 다른 상대와의 혼인의 경우, 원노와 양녀의 혼인으로 태어난 자녀는 서원에 더욱 이익이 되었기 때문에, 대체로 원비와 미상의 혼인으로 태어난 자녀 다음으로 많았다. 원비와 양인의 혼인은 줄어들었지만 원노와 양녀의 혼인은 증가하였고, 자녀 수의 비율 역시 마찬가지였다. 1715년 원노와 양녀의 혼인은 52건, 자녀는 164명이었고, 원비와 양인의 혼인은 6건, 자녀는 18명이었다. 원비와 양인의 혼인과 그 자녀가 전체에서 차지하는 비중은 줄어들었지만, 원노와 양녀의 혼인과 자녀는 계속 유지되었다.

한편 1708년과 1715년에는 원비와 향리의 혼인이 있었다. 1708년에는 순흥에 거주하는 원비 길분吉分과 향리 이정필李延必, 1715년에는 이들의 첫째 딸 애분愛分과 향리 이정화李正化의 혼인이다. 이 경우 어머니와 딸이 모두 향리와 혼인을 하였다. 또한 도산서원 노비와 역동서원 노비가 혼인하는 경우도 있었다. 1708년 원노 이천二千과 원노 정남丁男은 모두 역동서원의 비와 혼인하였고, 이들의 자녀는 어머니를 따라 역동서원의 노비가 되었기에 노비안에는 나오지 않았다.

종모법이 시행된 이후로는 배우자의 유형이 점차 줄어들기 시작하였다. 1737년에는 노비안의 일부만 남아 있었기에 원비와 미상, 원노와 양녀, 원비와 사노의 혼인만 나오지만, 이후의 노비안을 보면 대체로 6종류의 혼인 관계를 유지하였다.

원비와 미상의 혼인은 1737년에서 1759년까지 80% 이상을 유지하였으나, 1795년부터는 90% 이상이 있었다. 자녀 수 역시 원비와 미상의 혼인과 비슷한 양상을 보였는데, 특히 1828년의 원비와 미상의 혼인은 793건(97.6%)이었고, 자녀 수는 2,434명(97.6%)이었다. 원노와 미상의 혼인은 18세기에는 1708년까지만 있었고, 19세기에는 1828년에 1건(0.1%)이 있었다. 이들의 자녀는 기재되지 않았으며, 노비 전체에서 차지하는 비중은 미미하였다. 한편 1747년 노비안에는 원노가 양녀와 혼인한 것으로 되어 있으나, 1759년에는 양녀라는 신분을 밝히지 않은 경우가 전체 38건 중 15건이나 있었다. 따라서 1747년 노비안을 소급하여 원노의 혼인 상대를 양녀로 파악할 수 있었다. 원노와 양녀의 자녀는 원래 양인이 되어야 하였지만, 서원의 입장에서는 노비 수의 확보를 위해 원노의 혼인 상대를 일부러 기재하지 않았을 수 있다.

원노비와 공노비의 혼인 중 원비와 공노의 혼인은 1843년 1건이 있었는데, 순흥에 거주하는 원비 강섭姜暹과 교노校奴 선이先伊의 혼인이었다. 원노와 공비의 혼인은 1747년에 1건이 있었고, 자녀는 나오지 않았다. 원노 이선의 아들 노 성삼은 송라역의 역노가 되어서 역비와 혼인하였다.

원노비와 사노비의 혼인은 점차 줄어들었다. 원비와 사노의 혼인에서 1819년 원비 성매性梅의 첫째 딸 연매戀妹는 가산댁佳山宅 노와 혼인하였고, 둘째 아들 국이菊伊는 천운정의 비와 혼인하였다. 즉 한 가족 안에서 원노와 사비, 원비와 사노의 혼인이 함께 있었다. 1833년에도 이 가족이 나오는데, 첫째 딸 연매는 전부前夫 상돌尚乭과의 사이에서 원비 2명을 낳았지만, 둘째 딸 국이의 혼인 관계에서는 나오지 않았다. 1828년에는 원비 영점永占이 삼산三山 류 생원柳生員 댁의 노와 혼인하였고, 1833년과 1843년에는 원비 영점과 혼인한 배우자의 이름이 복태卜太라고 기재되었다. 이처럼 원비와 혼인한 사노의 소속을 노비안에 밝혔다. 원노와 사비의 혼인 비중은 원비와 사노의 혼인보다는 낮았다. 원노와 사비의 혼인은 1743년 1건, 1819년 1건이 있었고, 자녀는 기재되지 않았다. 원노비와 공사천과의 혼인은 종모법이 시행되면서 급격하게 줄어들었다.

신분이 다른 대상과의 혼인에서 원노와 양녀의 혼인 및 자녀 수는 원비와 미상의 혼인 및 자녀 수 다음으로 많았지만, 1798년 이후에는 원비와 미상의 혼인이 99% 정도를 차지하였기 때문에 나머지 혼인의 의미가 줄어들었다. 원노와 양녀의 혼인은 18세기 초반부터 증가하여 종모법이 시행된 이후에도 상당히 높은 비중을 차지하였다가 18세기 후반에 줄어들었고, 19세기에는 나오지 않는다. 도산서원에서는 원비와 미상의 혼인 이외에 원노와 양녀의 혼인으로 서원노비를 증가시켰고, 종모법이 실시된 이후에도 많은 비중을 차지하였다.

원비와 양인의 혼인은 시기마다 1건 정도는 있는데, 1819년 원비 부흥富興이 청하사령淸河使令 김철金哲과 혼인하여 딸 한 명을 낳은 것을 제외하면, 이 혼인 유형에서 태어난 자녀는 나오지 않았다. 원비와 양반의 혼인은 1843년에 1건이 있다. 원비 복열卜悅은 하회에 사는 류씨 댁에 첩으로 들어갔지만, 이들의 자녀는 모두 노비안에 기재되었다. 원비를 양반의 첩으로 들일 수 있었다는 것은 류씨가 도산서원에 원비 복열에 대한 대가를 지불하였다고도 할 수 있으나, 이들의 자녀가 모두 노비안에 기재되었다는 것은 이들의 자녀가 류씨의 얼자녀로 인정받지는 못했다는 것을 의미한다.

한편, 19세기에는 두 번 혼인하는 경우가 있었다. 1819년 1건, 1828년 1건, 1833년 1건, 1843년 2건, 1861년 18건인데, 이중 전 남편(前夫)과 현 남편(後夫)이 모두 나오는 경우는 다음과 같다. 1819년과 1828년에 원비 봉섬奉暹의 전 남편은 유석복兪石卜, 현 남편은 왕금이王金伊이었다. 1861년 원비 순절順節의 전 남편은 원룡元龍, 현 남편은 호준虎準이고, 원비 성열性烈의 전 남편은 원노 상린尙獜, 현 남편은 박백朴伯이었다. 원비 명월明月의 전 남편은 박천이朴天伊, 현 남편은 원노 홍록興彔, 원비 칠이七伊의 전 남편은 김씨 성을 가진 사람이고, 현 남편은 이관엽李觀曄이었다. 이들의 자녀들은 아버지의 구분 없이 노비안에 기재되었다.

1731년 종모법 시행 이후부터 18세기까지 도산서원 노비들의 혼인과 자녀는 원비와 미상의 혼인 및 자녀 수가 가장 많았고, 다음은 원노와 양녀의 혼인 및 이들의 자녀였다. 원노비와 공사천의 혼인은 종모법 시행 이전 시기에 비해 급격하게 줄어들어서 거의 나오지 않았다. 도산서원은 종모법 시행 이후에도 원노와 양녀의 소생을 서원노비로 삼았는데, 이는 공노비나 사노비와는 다른 점이었다. 공노비의 경우 양천교혼이 증가되어 이들의 자녀가 양인이 되었고, 사노비의 경우 원노와 양녀의 혼인 자체가 줄어들었다. 서원노비의 경우, 종모법 시행 이후 원노와 양녀의 혼인이 지속되다가 18세기 후반에 감소되었으며, 이들의 자녀 역시 같은 양상을 보였다. 따라서 원노와 양녀의 혼인과 이들의 자녀는 18세기 중반까지 서원의 노비 증가에 큰 역할을 하였다고 볼 수 있다.

19세기에는 원비와 미상의 혼인 및 이들의 자녀가 전체 혼인 중 95% 이상을 차지하였고, 원노와 원비의 혼인과 이들의 자녀가 다음이었다. 18세기 후반까지 나타난 원노와 양녀의 혼인은 나오지 않았고, 양인과 원비의 혼인도 마찬가지였다. 이는 1731년 시행된 종모법이 차츰 반영되었기 때문이라고 볼 수 있다. 또한 원비를 중심으로 두 번 혼인하는 경우는 1861년에 집중적으로 나타났는데, 이 노비안에서 두 번 혼인한 경우를 정리한 것으로 보인다.

아래의 표는 종모법 전후의 도산서원 노비의 혼인 및 자녀의 특징을 비교한 것이다.

종모법 이전	종모법 이후
- 원노와 양녀의 혼인 및 자녀는 시간이 지날수록 증가 - 원비와 양인의 혼인 및 자녀는 1715년까지 지속적으로 나오지만 전체에서 차지하는 비중은 적음 - 원비와 사노의 혼인 및 이들의 자녀는 시기가 뒤로 갈수록 비중이 줄어듦 - 원노와 사비의 혼인은 지속적으로 이루어졌으나 자녀는 기재하지 않음. 서원과 사족의 이해관계에 의해서 이루어진 혼인 관계	- 원노와 양인의 혼인 및 자녀의 수는 원비와 미상의 혼인 및 자녀 다음으로 많았음 - 원노비와 공사천과의 혼인은 종모법 시행 이전 시기보다 급격하게 줄어듦 - 1798년 이후 원비와 미상의 혼인이 거의 대부분 - 원비와 양인의 혼인, 원비와 양반의 혼인 등도 있었음 - 두 번 혼인한 원비도 있었음

표 4 종모법 전후의 도산서원 노비의 혼인 및 자녀 비교

이 외에 도산서원 노비안에는 나오지 않지만 원비와 역노의 혼인과 이들의 자녀에 대한 귀속 문제가 있었다. 『현종개수실록顯宗改修實錄』에 "역졸(역노)의 양처 소생은 아들과 딸 모두 차별

없이 역리驛吏에 귀속시켜서 양역을 담당하였고, 역졸이 사비와 혼인하여 자녀를 낳으면 아들은 아버지의 역을, 딸은 어머니의 역을 따랐지만 임진왜란 이후부터 모두 역노비가 되었다"는 내용이 있다. 이후 1684년(숙종 10) '각역노비이녀사목各驛奴婢吏女事目'이 제정되면서 역비의 자녀는 혼인 상대에 관계없이 모두 역노비로, 역노와 양처良妻의 자녀는 어머니의 역을 따라 역리와 역녀驛女가 되었다. 1746년『속대전』에서는 역노가 공천이나 사천과 혼인하여 낳은 자녀 중 남자는 아버지의 역을, 여자는 어머니의 역을 따른다고 하였고, 역노가 양녀와 혼인하여 낳은 자녀가 역역驛役을 자원할 경우에는 역리로 올려 준다고 하였다.

역노와 원비 사이의 혼인 및 자녀에 대한 내용은 도산서원의 소지所志와 첩정牒呈 등을 통해 파악할 수 있었다. 1801년 11월 5일 망창역望昌驛의 역노 김용대金龍大와 김점손金占孫 등이 영해 관청에 소지를 올렸다. 그 내용에 의하면, 역노 김한기金漢起는 도산서원의 비와 혼인을 하여 김용대와 김점손 및 딸을 낳았다. 『속대전』에 의거하여 김용대와 김점손은 아버지의 역을 따라 역노가 되었고, 김한기의 딸은 어머니의 역을 따라 원비가 되었다. 그런데 도산서원에서는 김용대와 김점손을 원노라고 하였기에, 본인들이 직접 송라도松羅道에 가서 자신들이 역노라는 사실을 확인하였다. 이후 이들은 도산서원이 자신들을 침범하지 말게 해 달라고 영해관청에 요청하였다. 이에 대해 영해관청에서는 호적을 살펴보니 역리와 역노가 뒤섞여 있어서 믿을 수 없어서 본역本驛의 형지안形止案을 살펴본 후에 결정하겠다고 하였다. 형지안은 3년마다 내노비·시노비·역노비 등의 상황을 상세히 기록한 장부이다.

영해관청에서 살펴본 호적은 1786년(정조 10)에 작성된 김한기의 호구단자이다. 여기에는 호주인 망창역노 김한기를 비롯하여, 김한기의 아버지와 할아버지, 증조와 외조, 자녀, 며느리 등이 있었다. 김용대와 김점손은 증조할아버지 김기선金起善, 할아버지 김두철金斗哲, 아버지 김한기가 모두 역노였기 때문에 자신들 역시 역노라고 주장하였다. 김한기의 외할아버지는 양인이어서 김한기의 어머니 또한 양인일 확률이 있고, 김용대도 최씨 성을 가진 양녀(崔粗是)와 혼인하여 역노와 양녀의 혼인이 대를 이어 이루어졌다고 할 수 있다.

1801년 11월 12일에 김용대와 김점손 등은 다시 소지를 올렸다. 이들은 송라도에 가서 형지안을 가져오려고 했지만, 송라도에서는 그 대신 역노의 내력을 기록한 공문(移文)을 주었고, 김용대 등은 이를 영해관청에 올리면서 상세히 조사하기를 원하였다. 영해관청에서는 김용대와 김점손 등이 역노가 분명하지만, 이들이 직접 도산서원으로 가서 이를 증명하라고 하였다.

송라도 찰방은 이에 대해 첩정을 올려서 김용대와 김점손에 대한 문제와, 도산서원 노 운채云采 등의 문제를 함께 언급하였다. 찰방이 형지안을 살펴보니, 김용대·김점손·운채는 원래 역노의 자손이기에, 도산서원에서 이들에게 원역院役을 거두지 말라고 하였다. 또한 추가로 역노 운채의 아버지와 형제들의 이름과 나이, 역노 김용대의 나이와 그의 아버지, 할아버지, 동생을 언급하였다.

김용대와 김점손 등은 1819·1828·1833·1843년 도산서원 노비안에도 기재되어 있었다. 원비 망금望今의 네 자녀 중 둘째 아들이 김용대, 셋째 아들이 김점손이었다. 그런데 노비안에는 원비 망금이 역노와 혼인한 것도, 아들들이 역노라는 것도 기재하지 않았다. 법에 의하면 김용대 등은 아버지를 따라 역노가 되는 것이 당연하였지만, 도산서원에서는 이들에게도 신공을 거두기 위해 앞의 소송과는 관련 없이 임의로 이들을 노비안에 기재한 것이다.

이처럼 서원노비는 어떤 대상과 혼인하느냐에 따라 자녀의 소속이 정해졌음에도, 노비의 소속에 관한 문제 때문에 소송이 발생할 수 있었다. 영해관청에서의 판결로 이들이 역노임이 분명하였지만, 영해관청에서는 서원에 가서 직접 인정받으라고 하였다. 역노비가 점차 줄어드는 상황에서 역에서는 노비가 필요하였고, 서원은 역에게 노비를 빼앗길 수 없었기 때문에 서원과 역의 이해관계가 치열하였다. 또한 영해관청의 판결을 보면, 19세기 초반까지 도산서원이 주변 지역에서 차지하는 위치가 상당하였다는 것을 짐작할 수 있었다.

옥산서원 노비

옥산서원에서 서원노비의 배우자와 자녀를 알 수 있는 자료는 17세기 노비안 1건과 호구단자 1건, 18세기 노비안 4건과 호구단자 6건, 19세기 호구단자 1건, 총 13건이 있다. 이 자료에 나오는 내용을 중심으로 종모법 이전과 종모법 이후의 상황을 비교해 보자.

연도		1629년 노비안				1696년 호구단자				1708년 호구단자			
혼인 상대		혼인건수	자녀 수			혼인건수	자녀 수			혼인건수	자녀 수		
			원노	원비	합		원노	원비	합		원노	원비	합
원비	원노	-	-	-	-	2 (8.3%)	2	0	2 (5.7%)	5 (14.3%)	6	1	7 (9.5%)
	공노	-	-	-	-	2 (8.3%)	3	2	5 (14.3%)	1 (2.8%)	1	2	3 (4.1%)
	사노	-	-	-	-	8 (33.3%)	3	6	9 (25.7%)	7 (20.0%)	5	7	12 (16.2%)
	양인	-	-	-	-	2 (8.3%)	2	1	3 (8.6%)	3 (8.6%)	2	4	6 (7.9%)
	미상	16	24	27	51	7 (29.1%)	4	8	12 (34.3%)	13 (37.1%)	21	19	40 (54.1%)

혼인 상대		혼인건수	원노	원비	합	혼인건수	원노	원비	합	혼인건수	원노	원비	합
원노	양녀	–	–	–	–	2 (8.3%)	3	0	3 (8.6%)	3 (8.6%)	3	0	3 (4.1%)
	미상	–	–	–	–	1 (4.4%)	1	0	1 (2.8%)	3 (8.6%)	1	2	3 (4.1%)
도합		16	24	27	51	24	18	17	35	35	39	35	74

연도		1717년 호구단자				1723년 노비안				1744년 노비안			
혼인 상대		혼인건수	자녀 수			혼인건수	자녀 수			혼인건수	자녀 수		
			원노	원비	합		원노	원비	합		원노	원비	합
원비	원노	9 (18.0%)	12	4	16 (14.4%)	10 (12.3%)	0	0	0	9 (9.9%)	2	6	8 (7.4%)
	공노	1 (2.0%)	1	2	3 (2.7%)	–	–	–	–	–	–	–	–
	사노	10 (20.0%)	7	11	18 (16.2%)	–	–	–	–	6 (6.6%)	3	5	8 (7.4%)
	양인	1 (2.0%)	2	1	3 (2.7%)	–	–	–	–	–	–	–	–
	미상	25 (50.0%)	30	34	64 (57.7%)	33 (40.2%)	52	36	88 (80.7%)	49 (53.8%)	29	30	59 (54.6%)
	사비	1 (2.0%)	1	0	1 (0.9%)	27 (32.9%)	0	0	0	9 (9.9%)	0	0	0
원노	양녀	2 (4.0%)	3	1	4 (3.6%)	12 (14.6%)	14	7	21 (19.3%)	7 (7.7%)	11	4	15 (13.9%)
	미상	1 (2.0%)	1	1	2 (1.8%)	–	–	–	–	11 (12.1%)	9	9	18 (16.7%)
도합		50	57	54	111	82	66	43	109	91	54	54	108

연도		1747년 노비안				1758년 노비안				1762년 호구단자			
혼인 상대		혼인건수	자녀 수			혼인건수	자녀 수			혼인건수	자녀 수		
			원노	원비	합		원노	원비	합		원노	원비	합
원비	원노	8 (7.5%)	9	11	20 (15.6%)	8 (8.7%)	12	6	18 (13.3%)	2 (2.4%)	3	2	5 (3.5%)
	사노	5 (4.7%)	2	5	7 (5.5%)	9 (9.8%)	5	3	8 (5.9%)	–	–	–	–
	양인	1 (0.9%)	0	0	0	5 (5.4%)	4	1	5 (3.7%)	1 (1.3%)	0	1	1 (0.8%)
	미상	59 (55.1%)	34	27	61 (47.7%)	46 (50.0%)	32	39	71 (52.6%)	59 (72.0%)	55	52	107 (75.9%)
원노	사비	11 (10.3%)	0	0	0	–	–	–	–	9 (10.9%)	8	4	12 (8.5%)

원노	양녀	12 (11.2%)	14	5	19 (14.8%)	23 (25.0%)	20	11	31 (22.9%)	11 (13.4%)	8	8	16 (11.3%)
	미상	11 (10.3%)	10	11	21 (16.4%)	1 (1.1%)	0	2	2 (1.6%)	–	–	–	–
도합		107	69	59	128	92	73	62	135	82	74	67	141

연도		1774년 호구단자				1780년 호구단자			
혼인 상대		혼인건수	자녀 수			혼인건수	자녀 수		
			원노	원비	합		원노	원비	합
원비	원노	1 (1.9%)	1	0	1 (1.7%)	1 (1.7%)	1	1	2 (2.6%)
	양인	1 (1.9%)	0	0	0	1 (1.7%)	0	0	0
	미상	47 (88.7%)	33	16	49 (85.9%)	52 (89.6%)	38	24	62 (82.7%)
원노	양녀	3 (5.6%)	2	4	6 (10.7%)	3 (5.1%)	2	3	5 (6.7%)
	미상	1 (1.9%)	1	0	1 (1.7%)	2 (1.9%)	5	1	6 (8.0%)
도합		53	37	20	57	59	46	29	75

연도		1789년 호구단자				1801년 호구단자			
혼인 상대		혼인건수	자녀 수			혼인건수	자녀 수		
			원노	원비	합		원노	원비	합
원비	원노	1 (1.6%)	0	1	1 (0.9%)	–	–	–	–
	미상	57 (89.1%)	51	37	88 (83.8%)	52 (91.2%)	34	29	63 (82.9%)
	사비	2 (3.1%)	2	3	5 (4.8%)	1 (1.8%)	1	1	2 (2.6%)
원노	양녀	2 (3.1%)	2	2	4 (3.8%)	2 (3.5%)	2	2	4 (5.3%)
	미상	2 (3.1%)	3	4	7 (6.7%)	2 (3.5%)	3	4	7 (9.2%)
도합		64	58	47	105	57	40	36	76

(단위: 명)

표 5 옥산서원 노비의 혼인 유형과 자녀 수

옥산서원에서는 1629년에는 원비와 미상의 혼인만 있었지만, 1696년부터 혼인 상대가 다양해지기 시작하였고, 1717년에는 가장 많은 8종류의 혼인 상대가 있었다. 원비의 경우 혼인 상대로 원노·공노·사노·양인·미상이 있었고, 원노의 경우 사비·양녀·미상의 혼인 상대가 있었다.

대체로 원비와 미상이 차지하는 비중과 자녀가 가장 많았는데, 1696년 호구단자에는 예외로 원비와 사노의 혼인이 8건(33.3%)으로 가장 많았고, 다음은 원비와 미상의 혼인 7건(29.1%)이었다. 그러나 원비와 사노의 자녀는 9명(25.7%), 원비와 미상의 자녀는 12명(34.3%)이었기 때문에 혼인 건수와 자녀 수의 비중이 꼭 일치하지는 않았다.

원비와 미상의 혼인에서 원비가 반비班婢로 기재된 경우는 1696년에 3건이 있었다. 반비 용학龍鶴, 반비 막향莫香, 반비 돌분乭分은 1708년에 모두 원비로 표시되었기 때문에 반비는 원비와 같은 의미였다고 할 수 있다.

원비와 원노의 혼인은 1696년에는 2건(8.3%), 자녀는 2명(5.7%)이었는데, 1708년에는 5건(14.3%), 자녀는 7명(9.5%)으로 증가하였다. 1708년에는 원비를 반비로 기재한 경우가 2건이었다. 1723년 혼인은 10건(12.3%)이었는데, 이들의 자녀는 기재되지 않았고, 원비를 반비로 표현한 경우는 8건이었다. 예를 들어,

원노 귀선貴先과 원비 자절걸自 叱乞의 혼인을 살펴보자. 1708년에는 원노 귀선을 중심으로 배우자와 자녀를 기재하였는데, 이때 자절걸을 '반비'로 표시하였다. 그러나 1723년에는 원비 자절걸을 중심으로 자녀를 정리하고 있다. 따라서 반비와 원비는 같은 의미라고 할 수 있고, 앞의 도산서원과 마찬가지로 원노비의 혼인 상대의 신분을 쓸 때에 이렇게 표시하기도 하였다. 원노와 미상의 혼인은 1696년부터 1717년까지 지속적으로 나왔다. 혼인은 1708년 3건을 제외하면 모두 1건이었고, 자녀 수 역시 많을 때는 3명이었고 적을 때는 1명이 기재되었다.

한편, 자신의 노비가 다른 소속의 노비와 혼인할 때에 자신의 노비 이름 앞에 '반班'을 붙인 경우도 있는데, 이는 뒤의 원노비와 공노비의 혼인에서 찾아볼 수 있다. 원노비와 공노비의 혼인 중 원비와 공노의 혼인은 1696년부터 1717년까지 있었다. 혼인은 1-2건, 자녀는 2-3명 정도였다. 여기에서 공노는 모두 시노였다. 1696년부터 나온 반비 은덕隱德과 시노 옥석玉石의 혼인과 이들의 자녀들은 1717년까지 지속적으로 이어졌다. 반면 원노와 공비의 혼인은 옥산서원 노비 관련 자료 전체에서 나오지 않았다.

원노비와 사노비의 혼인 중 원노와 사비의 혼인은 1717년과 1723년에 나오는데, 1717년 혼인은 1건(2.0%), 자녀는 1명(0.9%)

이었다. 원노와 사비 지월之月이 혼인하여 노 사원士元을 낳았는데, 그는 매득노로 서원에 소속되었다. 노 사원은 원래 어머니 쪽의 주인에게 귀속되지만 서원에서 매득의 형식으로 서원의 소유로 삼은 것이다. 1723년에 혼인은 27건(32.9%)으로 급격하게 증가하였지만 이들의 소생은 노비안에 기재되지 않았다.

원비와 사노의 혼인은 1696년부터 1717년까지 나오는데, 1696년 혼인은 8건(33.3%), 자녀는 9명(25.7%)으로, 원비와 미상의 혼인보다 많았으나 자녀는 적었다. 1708년 혼인은 7건(20.0%), 자녀는 12명(16.2%)으로, 원비와 미상의 혼인에서 태어난 자녀 수 역시 마찬가지였다. 1717년에는 혼인 건수와 자녀가 더욱 증가하여 혼인은 10건(20.0%), 자녀는 18명(16.2%)이 있었는데, 전체에서 차지하는 비중은 1708년과 같다. 1717년에 이 혼인은 원비와 미상의 혼인 다음으로 많았다.

신분이 다른 상대와의 혼인에서 원노와 양녀의 혼인은 1696년부터 1723년까지, 양인과 원비의 혼인은 1696년에서 1717년까지 있었다. 원노와 양녀의 혼인은 2-3건, 자녀는 3-4명이었으나, 1723년에 혼인 12건(14.6%), 자녀 21명(19.3%)으로 급격하게 증가하여 원비와 미상의 혼인 다음으로 많은 비중을 차지하였다.

원비와 양인의 혼인 역시 원노와 양녀의 혼인과 같이 혼인은 1-3건, 자녀는 가장 많을 때는 6명이 있었다. 1696년에 원비

녹양禄陽과 양인 경생庚生, 원비 사춘四春과 양인 계상戒上의 혼인이 있었고, 1708년에는 양인 계상과 원비 사춘의 혼인과 함께, 양인 돌동乭同과 원비 자절례自卩禮, 양인 김세명金世明과 매득비 죽매竹梅의 혼인이 있었다. 1717년에는 원비 자절례와 양인 돌동의 혼인만 있었다.

1723년 노비안은 원저질院底秩, 양처질良妻秩, 비자질婢子秩로 나누어 노비를 기재하였다. 원저질에는 원노의 혼인 관계에서 양녀와의 혼인을 제외한 관계만 있었다. 양처질에는 원노와 양녀의 혼인 관계와 이들의 자녀가 나오고, 비자질에는 원비를 중심으로 한 혼인 관계와 자녀가 있었다. 이러한 기재 방식을 통해 옥산서원이 원노의 혼인과 그 자녀에 대해 관심이 있었다는 것을 알 수 있다.

옥산서원 입의에서는 "노 중에 다른 소속의 비를 처로 삼는 자가 10명 중 8, 9명이니 소생이 줄어드는 것은 온전히 이러한 이유 때문이고, 혹시 양녀를 처로 삼는 자는 반드시 감추는 것을 일삼으니, 이와 같은 상황은 진위를 가려내기 어렵다(奴子中他婢作妻者什居八九, 所生減縮專由於此, 其間或有良女妻者, 必以隱諱爲事. 如此情僞難以詢得)"라고 하였다. 이를 보면 서원에서는 원노가 다른 소속의 비와 혼인하는 것을 꺼렸고, 원노가 양녀와 혼인하는 경우를 파악하지 못하기도 하였다는 것을 알 수 있다.

종모법 이전 옥산서원 노비의 혼인 상대와 자녀는 원비와 미상의 혼인 및 이들의 자녀가 가장 많았고, 비중 역시 증가하였다. 처음에는 원비와 미상의 혼인만 있었으나, 시간이 지나면서 다양한 혼인 형태가 나왔다. 원비와 사노의 혼인 및 이들의 자녀들은 점차 증가하여 서원노비의 증가에 기여하였다가, 1723년 노비안에는 나오지 않았다. 원노와 사비의 혼인은 1723년에 가장 많이 나오지만 자녀는 기재되지 않았다. 원노와 양녀의 혼인은 지속적으로 나오다가 1723년에 혼인 건수 및 자녀가 급격하게 증가하였다. 1723년 이전까지 서원은 주로 원비와 미상의 혼인, 원비와 사노의 혼인을 통해 노비를 획득하였고, 1723년 이후로는 원비와 미상, 원노와 양녀의 혼인을 통해 획득한 자녀만 나왔다.

종모법 이후에도 원비와 미상의 혼인 및 이들의 자녀의 비중이 가장 높았다. 1744년에서 1758년까지 원비와 미상의 혼인 및 자녀의 비중은 50% 정도였는데, 1762년에는 70% 이상, 1774년부터는 80% 이상이었고, 1801년에 혼인은 90% 이상, 자녀는 80% 이상이 되었다.

원노와 미상의 혼인은 1731년 이전에는 1-3건 정도였으나 1744년부터 11건(12.1%) 정도로 증가하였고, 1762년까지 대체로 유지하였다가 이후에는 1-2건 정도로 줄어들었다. 자녀는

1747년까지 전체 중 16% 정도가 있었고, 1762년에는 10% 정도, 이후에는 6-9%였다. 이 혼인은 1744년부터 원비와 미상의 혼인 다음으로 많았고 자녀 역시 마찬가지였다. 1762년과 1780년, 1789년과 1801년까지 같은 양상이었다. 1758년과 1774년에는 원비와 미상의 혼인 다음으로 원노와 양녀의 혼인이 많았다. 이 당시 원노와 미상의 혼인은 1건만 있었다.

원노와 원비의 혼인은 1758년까지 전체의 7-9%를 유지하였으나, 이후에는 1-2%로 줄어들었으며 1801년에는 원노와 원비의 혼인이 나오지 않았다. 자녀는 1747년에 15.6%까지 증가하였다가 1789년에는 0.9%대로 줄어들었다. 원노비에는 반노비와 매득노비가 포함되었다.

원노의 경우, 1744년 원비 애향愛香과 반노 시남是男의 혼인이 있었고, 1747년과 1758년에도 중복되었다. 1758년에는 원비 홍분이 반노 복금이卜金伊와 혼인하였는데, 노 복금이는 원비 홍분의 세 번째 남편으로 원비 홍분의 넷째 아들 성중의 아버지이다. 반노 복금이는 서원에서 매득한 노였기 때문에 매득노이기도 했다. 한편 1758년에 매득노 가팔리加八里와 원비 장덕丈德의 혼인도 있었다.

원비의 경우, 원노 귀선貴先은 반비와 혼인하였는데, 1758년 노비안을 통해 배우자가 원비 자절걸自叱乞이라는 것을 알 수 있었고, 1723년 노비안에 원비 자절걸과 그의 소생들이 기재되었다. 원노 귀철貴哲 역시 반비와 혼인하였는데, 1758년 노비안으로 배우자가 원비 칠금七今이라는 것을 알 수 있었으며, 1744년 노비안에 원비 칠금의 가족이 있었다. 원노 남금南金도 반비와 혼인하였는데, 1758년에 배우자가 원비 시월十月로 나오고, 1723년 노비안에 원비 시월과 그의 자녀들이 있었다. 이처럼 원노를 중심으로 한 혼인에는 자녀를 기재하지 않았지만 원비를 중심으로 한 혼인에는 자녀를 기재하였다. 이를 통해 원비의 혼인으로 태어난 자녀의 서원 귀속이 더 강하였음을 알 수 있다.

원노비와 사노비의 혼인에서 원노와 사비의 혼인은 1744년과 1747년에 11건씩 나오고, 1789년 2건, 1801년 1건이 있었다. 이 혼인은 종모법 시행 이후 줄어들었다. 이들의 자녀는 노비안에 이름이 기재되지 않았으나 다른 자료에 이름이 나오는 경우도 있었다.

1747년 노비안에는 원노 애남愛男의 첫째 아들 덕무德茂와 둘째 딸 자절자지自卩子只는 영해관리寧海官吏 신한조申漢祚가 주인이라고 하였으므로, 이들은 원래 사비의 자녀였던 것으로 보인다. 그러나 1758년 노비안에는 원노 덕무와 원비 자절자지의 어머니가 양녀로 되어 있었다. 1789년 호구단자에는 사비 장례長禮와 그의 자녀인 비 복단福丹, 비 소랑小郞, 노 세삼世三이 있고,

이름이 나오지 않는 사비는 노 시문時文과 비 정분丁分을 낳았다. 여기에서 이들의 자녀들이 어떠한 이유로 옥산서원의 노비가 되었는지는 알 수 없다.

원비와 사노의 혼인은 1744년부터 1758년까지 10% 정도, 자녀는 5-7%였으며, 이후에는 나오지 않았다. 원비 원가는 사노 영이永已와 혼인하였다. 원비 봉화奉化는 두 번 혼인하였는데, 그 중 한 명은 사노 영운永云이었다.

신분이 다른 상대와의 혼인에서 원노와 양녀의 혼인은 17세기부터 1801년까지 지속적으로 나왔다. 1744년에는 혼인 7건(7.7%), 자녀 15명(13.9%)이었고, 1758년에는 혼인 23건(25.0%), 자녀 31명(22.9%)으로 증가하였다. 그러나 이후에 이 유형의 혼인과 자녀는 차츰 줄어들었다. 앞에서는 양녀와 혼인하였다고 기재되었으나 이후에 혼인 상대와 신분이 나오지 않는 경우도 있었다. 원노 석남石男은 1723년에 양녀와 혼인하였으나, 1744·1747·1758년에는 누구와 혼인했는지 기재되지 않았고, 원노 막남莫男 역시 마찬가지였다. 이는 도산서원 등에서도 비슷한 양상을 보였다. 1762년까지는 새로운 원노와 양녀의 혼인이 나오고 있으나, 1774년부터는 기존의 혼인 관계만 유지하였고, 18세기 후반으로 갈수록 줄어들었다.

또한 1723년에는 원노와 양녀의 혼인으로 되어 있으나, 1743년에 양녀가 사비로 바뀐 경우도 있었다. 원노 진명進命은 양녀와 혼인하여 아들 진금과 담음남淡音男, 딸 진단을 낳았는데, 1743년 노비안에 추가적으로 기재된 명문에서는 서원에서 이들과 이들의 어머니 분녀分女를 유학幼學 김수일金守一로부터 매득한 내용이 있었다. 따라서 분녀는 원래 사비였는데 1723년에 양녀로 기재하였고, 종모법 이후 양녀의 소생을 확보하기 어려워지자 사비의 소생을 서원에서 매득한 것이라고 할 수 있다.

원비와 양인의 혼인은 1758년 4건(4.3%), 1774년과 1780년에 1건이 있었지만, 1758년의 혼인에서만 자녀들이 있었다. 이 혼인은 1731년 이전에는 8% 정도를 차지하였으나 점차 줄어들었고, 원노와 양녀의 혼인보다 훨씬 적었다. 1758년에는 원비 귀진貴進과 양인 선익先益, 원비 홍분과 양인 박만일朴萬日, 원비 이단과 양인 백철白哲의 혼인과 이들의 자녀가 있었다.

한편 1747년과 1758년, 1762년에는 작대와의 혼인이, 1774년과 1780년에는 무속인과의 혼인도 있었다. 원비 무진武眞은 경주 아화역에 거주하는 작대 김성정金䂳正과 혼인하였고, 청송에 거주하는 원비 봉춘奉春은 박수무당 박만주朴萬周와 혼인하였는데, 이들의 자녀는 노비안에 기재되지 않았다.

또한 여러 번 혼인하는 경우도 있었다. 1744년 원노 임어둔林於屯은 첫 번째는 반비와, 두 번째는 양녀와 혼인하였다. 자녀 중 첫째 딸 자절작지와 둘째 아들 임선은 전처의 자녀, 셋째 딸 어인자절작지於仁自〻作只는 후처의 소생이었다. 1747년 원노 봉래奉來는 두 번 모두 양녀와 혼인하였다. 첫 번째 양녀의 아들 종치宗致는 한양에 거주하면서 활을 만드는 일을 하였고, 두 번째 양녀의 아들 후익厚益과 딸 자절아지自〻牙只는 울산의 좌병영에 거주하였다.

1758년 원비 홍분은 세 번 혼인하였는데, 첫 번째는 최씨崔氏 성을 가진 사람과 혼인하여 아들 정금이를, 두 번째는 양인 박만일과 혼인하여 아들 만재를, 세 번째는 반노 복금이와 혼인하여 아들 성중을 낳았다. 원비 봉화奉化도 두 번 혼인하였는데, 첫 번째는 사노 영운永云이었고, 두 번째는 신분을 알 수 없는 최일삼崔日三이었다. 사노 영운과의 사이에서는 첫째 아들 영태永太를 낳았고, 둘째 아들 일돌이日乭伊와 셋째 아들 일태日太는 봉화와 최일삼의 소생이었다.

1780년에는 원노 중복仲卜의 혼인 사례가 나오는데, 두 명의 자녀 모두 '후양처'와의 소생이었다. 이후에도 계속 '후양처'로 표기되다가 1801년에 '양처'로 기재되었다. 원노 중복의 첫 번째 혼인에 대해서는 잘 알 수는 없지만, '후양처'라고 표시한 것으로 보아 첫 번째도 양녀와 혼인하였다는 것을 알 수 있다.

종모법 시행 이후로는 다른 서원과 마찬가지로 옥산서원에도 원비와 미상의 혼인이 가장 많았고, 다음은 원노와 미상의 혼인과 원노와 양녀의 혼인이 있었다. 자녀 역시 혼인 건수에 따라 전체에서 차지하는 비중이 결정되었다. 혼인 상대가 단순화되면서 19세기에는 원비와 미상의 혼인 및 이들의 자녀만 있었다. 종모법 시행 이후 원노비와 공노비의 혼인은 나오지 않았다.

종모법 전후의 옥산서원 노비의 혼인 및 자녀의 특징을 비교해 보면 다음 표와 같다.

종모법 이전	종모법 이후
- 처음에는 원비와 미상의 혼인, 시간이 지나면서 다양한 혼인 형태가 나옴 - 사노와 원비의 혼인 및 자녀들은 점차 증가, 서원노비의 증가에 기여함 - 원노와 사비의 혼인은 있지만 자녀들은 기재되지 않음 - 원노와 양녀의 혼인은 지속적으로 나오다가 급격하게 증가	- 원비와 미상의 혼인이 가장 많음 - 다음은 원노와 미상의 혼인, 원노와 양녀의 혼인 - 19세기에는 원비와 미상의 혼인 및 이들의 자녀만 있었음 - 종모법 시행 이후 원노비와 공노비의 혼인은 나오지 않음 - 세 번 혼인한 원비도 있음

표6　종모법 전후의 옥산서원 노비의 혼인 및 자녀 비교

병산서원 노비

병산서원에서 서원노비의 배우자와 자녀를 알 수 있는 자료로는 17세기 노비안 4건, 18세기 노비안 4건, 19세기 노비안 2건, 총 10건이 있었다. 이 자료에 나오는 내용을 중심으로 종모법

이전과 종모법 이후의 상황을 비교해 보자.

연도		1663년 노비안					1666년 노비안					1669년 노비안				
혼인상대		혼인건수	자녀 수				혼인건수	자녀 수				혼인건수	자녀 수			
			원노	원비	미상	합		원노	원비	미상	합		원노	원비	미상	합
원비	원노	1 (1.6%)	2	1	0	3 (2.2%)	1 (2.4%)	3	2	0	5 (3.6%)	5 (10.2%)	3	3	0	6 (3.8%)
	공노	-	-	-	-	-	-	-	-	-	-	1 (2.0%)	5	4	0	9 (5.7%)
	사노	1 (1.6%)	3	1	0	4 (2.7%)	1 (2.4%)	3	1	0	4 (2.9%)	16 (32.6%)	19	18	9	46 (29.1%)
	타원노 (他院奴)	-	-	-	-	-	-	-	-	-	-	1 (2.0%)	4	3	0	7 (10.7%)
	양인	-	-	-	-	-	-	-	-	-	-	5 (10.2%)	11	6	0	17 (10.7%)
	미상	51 (83.6%)	62	56	3	121 (87.1%)	36 (87.8%)	53	61	8	122 (88.4%)	18 (36.7%)	32	28	2	62 (39.2%)
원노	양녀	5 (8.2%)	2	6	0	8 (5.8%)	2 (5.0%)	1	3	0	4 (2.9%)	2 (4.3%)	1	0	0	1 (0.7%)
	미상	3 (5.0%)	1	2	0	3 (2.2%)	1 (2.4%)	3	0	0	3 (2.2%)	1 (2.0%)	3	4	3	10 (6.4%)
도합		61	70	66	3	139	41	63	67	8	138	49	78	66	14	158

연도		1679년 노비안					1738년 노비안					1750년 노비안				
혼인상대		혼인건수	자녀 수				혼인건수	자녀 수				혼인건수	자녀 수			
			원노	원비	미상	합		원노	원비	미상	합		원노	원비	미상	합
원비	원노	1 (1.1%)	3	1	0	4 (2.4%)	6 (5.6%)	9	1	2	12 (4.5%)	6 (6.1%)	7	6	0	13 (4.9%)
	공노	1 (1.1%)	5	4	0	9 (5.5%)	1 (0.9%)	0	0	0	0	2 (2.0%)	0	0	0	0
	사노	17 (19.3%)	6	5	1	12 (7.3%)	1 (0.9%)	2	0	0	2 (0.7%)	2 (2.0%)	2	0	0	2 (0.9%)
	타원노	3 (3.4%)	3	3	0	6 (3.6%)	-	-	-	-	-					
	양인	5 (5.7%)	11	6	0	17 (10.3%)	-	-	-	-	-					
	양반	-	-	-	-	-	1 (0.9%)	1	0	0	1 (0.5%)					
	미상	32 (36.4%)	43	53	1	97 (58.8%)	86 (81.1%)	99	110	13	222 (83.5%)	77 (78.5%)	102	109	18	229 (86.7%)

		혼인건수	원노	원비	미상	합	혼인건수	원노	원비	미상	합	혼인건수	원노	원비	미상	합
원노	공비	10 (11.4%)	0	0	0	0	-	-	-	-	-	-	-	-	-	-
	사비	12 (13.6%)	0	2	0	2 (1.2%)	-	-	-	-	-	-	-	-	-	-
	양녀	4 (4.6%)	9	6	0	15 (9.1%)	7 (6.6%)	9	9	1	19 (7.1%)	5 (5.3%)	5	2	1	8 (3.0%)
	미상	3 (3.4%)	3	0	0	3 (1.8%)	4 (4.0%)	8	2	0	10 (3.7%)	6 (6.1%)	8	4	0	12 (4.5%)
	도합	88	83	80	2	165	106	128	122	16	266	98	124	121	19	264

연도		1757년 노비안					1762년 노비안				
혼인상대		혼인건수	자녀 수				혼인건수	자녀 수			
			원노	원비	미상	합		원노	원비	미상	합
원비	원노	3 (3.1%)	5	6	0	11 (4.5%)	2 (2.7%)	1	3	0	4 (2.0%)
	사노	2 (3.1%)	0	0	0	0	4 (5.5%)	0	1	0	1 (2.0%)
	양반	-	-	-	-	-	1 (1.5%)	1	1	0	2 (1.0%)
	미상	82 (86.3%)	94	108	10	212 (87.9%)	59 (80.8%)	76	96	4	176 (88.9%)
원노	사비	-	-	-	-	-	1 (1.5%)	0	0	0	0
	양녀	5 (5.3%)	7	4	0	11 (4.5%)	2 (2.8%)	5	9	1	15 (7.6%)
	미상	2 (2.3%)	2	4	1	7 (3.1%)	4 (5.5%)	0	1	0	1 (0.5%)
	도합	95	108	122	11	241	73	83	110	5	198

연도		1841년 노비안					1853년 노비안				
혼인상대		혼인건수	자녀 수				혼인건수	자녀 수			
			원노	원비	미상	합		원노	원비	미상	합
원비	미상	50	100	68	5	173	38	48	36	0	84

(단위: 명)

표 7　병산서원 노비의 혼인 상대와 자녀 수

병산서원의 경우, 1663년과 1666년 노비안에는 원비의 혼인 상대로 원노·사노·미상이 있었고, 원노의 경우 양녀·미상이 있었다가, 1669년부터 원비의 혼인 상대로 공노·다른 서원의 원노·양인이 추가되었고, 원노의 혼인 상대로는 공비·사비가 추가되었다. 17세기에는 1679년이 혼인 건수 88건, 자녀 수 165명으로 가장 많았다.

원비와 미상의 혼인은 1663년과 1666년에는 80% 이상을 차지하였으나, 1669년과 1679년에는 30%대로 줄어들었다. 이들의 자녀 수 역시 앞 시기에는 80% 이상이었으나, 1679년에는 거의 60% 정도로 줄어들었다. 혼인 상대가 다양해지면서 원비와 미상의 혼인 비중은 줄어들었지만, 전체 혼인 건수 및 자녀 수는 여전히 가장 많았다. 원비와 원노의 혼인 중 1663년부터 1679년까지 지속적으로 나오는 경우는 원노 막룡莫龍과 매득비 예분禮分의 혼인이다. 예분은 1612년 12월 5일에 병산서원에서 매득하였고, 관청에서는 이에 대한 증명서를 발급해 주었다. 이를 통해 병산서원은 예분이 병산서원의 비라는 것을 관청으로부터 확인받았다.

원노비와 공노비의 혼인에서 원비와 공노의 혼인은 1669년부터 1건이 있었다. 여기에서 공노는 시노였고, 원비 분대紛代와 시노 정희의 혼인 및 이들의 자녀 9명은 1669년과 1679년에 있었다. 원노와 공비의 혼인은 1679년부터 10건이 있었다. 이 중 9건은 시비, 1건은 내비內婢와의 혼인인데, 자녀들은 모두 어머니 쪽의 소속이어서 노비안에는 기재되지 않았고, 18세기부터 이 혼인은 나오지 않았다. 원노와 시비의 혼인에서는 대부분 시비가 소속된 지역이 기재되었는데, 원노의 혼인 상대가 되었던 시비들은 예천·안동·영주·용궁 등에 거주하였다.

원노비와 사노비의 혼인에서 원비와 사노의 혼인은 1663년 1건에서 1679년 17건(19.3%)으로 증가하였고, 원비와 미상의 혼인 32건(36.4%) 다음으로 많은 비중을 차지하였다. 한편 사노가 거주하는 지역 및 소속이 나오는 경우가 있었는데, 원비 이옥己玉은 단양의 양반집에 거주하는 사노 귀봉貴奉과, 원비 팔분八分은 경인노京人奴 사산士山, 원비 부금夫今은 경인노 상봉常奉, 원비 윤분允分은 한양 장의동壯義洞의 병사兵使 박신지朴信之의 노 철길千吉과 혼인하였다. 원비와 혼인한 사노는 단양이나 한성에 거주하였다.

원노와 사비의 혼인은 원노와 공비의 혼인과 마찬가지로 1679년에 처음 나오는데 12건(13.6%)이 있었고, 자녀는 2명이 있었다. 사비의 구체적인 소속을 밝힌 경우가 있었는데, 원노 풍금豊金과 혼인한 사비는 성주 이 판서李判書 댁, 원노 임봉壬奉과 혼인한 비 말녀唜女는 남 참의南參議 댁의 비였다. 원노 사복士卜

의 처 말춘志春은 수동의 김씨 성을 가진 사람의 집에 거주하였다. 원노 철봉鐵奉의 처는 예천에 거주하는 사비였고, 원노 경생의 처는 여천呂泉 신당동新堂洞에 사는 안 좌수安座首 집의 비 자흥子興이었다. 따라서 병산서원의 노는 성주나 충주, 여천 등에 거주한 사비와 혼인하였다. 이 혼인을 통해 태어난 자녀들은 어머니의 소속을 따랐기 때문에 대부분 노비안에 기재되지 않았으나, 노비안에 나오는 노비들은 대체로 서원에서 매득한 경우였다. 원노 애립愛立과 사비 매향每香 사이에서 태어난 비 무대戊代는 원래 병산서원의 비가 아니었으나, 서원에서 매득하여 매득비로 기재되었다. 한편 원노 사복과 사비 말춘 사이에서 태어난 비는 거주 지역만 나올 뿐 이름과 나이 등의 구체적인 정보는 없고, 이후 노비안에는 나오지 않았기 때문에 이 비가 어떠한 이유로 병산서원의 소속이 되었는지는 알 수 없다.

신분이 다른 상대와의 혼인에서 원노와 양녀의 혼인은 1663년부터 나오기 시작하였고, 1669년에 혼인 2건(4.3%), 자녀 1명(0.7%)에서 1679년에 혼인 4건(4.6%), 자녀 15명(9.1%)으로 증가하였다. 이 혼인은 이후에도 지속적으로 나왔다. 원비와 양인의 혼인은 앞의 원노와 사비, 원노와 공비의 혼인같이 1669년부터 나오기 시작하였는데, 혼인 5건(10.2%), 자녀 17명(10.7%)이었고 1679년에도 그대로 유지되었다. 이 시기에는 원노와 양녀의 혼인보다 원비와 양인의 혼인 및 자녀 수가 더 많이 나타났다. 원비와 양인의 혼인 중에는 원비 다물사리多勿沙里와 양인 일학一鶴, 원비 다물사리의 첫째 딸 분이粉伊와 양인 권산權山 등의 혼인이 있었는데, 다물사리는 자신도 양인과 혼인하였고 딸 역시 양인과 혼인하였으며, 자녀들은 이후 노비안에 계속 나왔다. 원비와 양인의 혼인은 1679년 이후로는 나오지 않는다.

1669년과 1679년에는 다른 서원의 노와 원비 사이의 혼인도 있었다. 1669년에는 혼인이 1건(2.0%), 자녀는 7명(4.4%)이 있었고, 1679년에는 혼인이 3건(3.4%), 자녀는 6명(3.6%)이 있었다. 1666년에는 원비 일춘의 둘째 딸 금옥이 이산서원 노 학남과 혼인하여 영주 이산에 거주하였고, 1679년에는 금옥의 넷째 딸 옥진玉眞이 이산서원 노 승세承世와, 일춘의 넷째 딸 분옥粉玉은 이산서원 노 성장性壯과 혼인하였다. 한 가족 안에서 대를 이어 이산서원 서원촌에 거주하면서 이산서원의 노와 혼인하였음을 알 수 있다.

또한 두 번 혼인하는 경우도 있었다. 1669년 원비 옥분은 양인 정금鄭金과 혼인하여 원하院下에 거주하였는데, 이 당시에는 첫째 아들 잇산芿山이 있었다. 1679년에 옥분은 사노 삼룡과 다시 혼인을 하여 영주 이산서원 서원촌에 거주하였는데, 이들 사이에는 두 딸이 있었다. 옥분의 첫 번째 남편 양인 정금은 1669년에서 1675년 사이에 사망하였고, 옥분은 이산서원 서원촌에 거주하는 사노 삼룡과 두 번째 혼인을 하여 영주로 거주 지역을 옮긴 것으로 보인다.

종모법 이전 시기 병산서원 노비의 혼인 상대와 자녀의 경우, 원비와 미상의 혼인 및 이들의 자녀가 가장 많았다. 처음에는 이 혼인이 90%에 가까울 정도로 많았지만, 1669년부터 혼인 상대가 다양해지면서 비중은 상대적으로 줄어들었다. 그러나 여전히 가장 많은 비중을 차지하였다.

원비와 사노의 혼인 및 이들의 자녀는 1669년부터 본격적으로 많아졌다. 원노의 경우 혼인 상대는 같은 서원의 비 또는 양녀가 많았고, 1679년부터 다른 공사비와의 혼인이 나오지만 이들의 자녀는 대부분 병산서원 노비안에 기재되지 않았다. 신분이 다른 상대와의 혼인에서는 원노와 양녀의 혼인으로 태어난 자녀가 1679년에 상당수 나오고, 원비와 양인의 혼인 및 이들의 자녀는 1669년부터 등장하였다. 이처럼 병산서원에서는 원비와 미상 중심의 혼인을 하다가 17세기 후반부터 다양한 혼인 상대와 이들의 자녀들이 나오기 시작하였다.

그러나 이러한 혼인 관계는 18세기에 지속적으로 나왔고, 19세기에는 원비와 미상의 혼인만 존재하였다. 이 유형의 혼인은 1679년에는 30% 이상을 차지했고, 종모법 시행 이후에는 대체로 80% 정도를 유지하였다. 자녀 수 역시 혼인의 비중과 비슷한 양상을 보였고, 1762년에는 전체 중 거의 90%를 차지하였다. 원노와 미상의 혼인은 17세기에는 1-3건 정도 있었는데, 1750년에는 6건(6.1%)으로 늘어났다가 1757년에 2건(2.3%), 1762년에 4건(5.4%)이 있었다. 자녀 수는 혼인 건수가 가장 많은 1750년에 12명(4.5%)의 자녀가 있었고, 1762년에는 1명의 자녀만 있었다. 원비와 원노의 혼인은 1738년에서 1762년까지 나오는데, 1750년에는 전체에서 5-6% 정도 차지하였다가 이후에는 2-3%로 줄어들었다. 자녀 수 역시 4%대를 유지하다가 1762년에는 2%대로 줄어들었다. 이 혼인 중 매득노비와의 혼인도 있었다.

원노와 매득비의 혼인은 1738년부터 1762년까지 나오는데, 1738년에 나오는 원노 험석과 매득비 순적, 원노 석립石立과 매득비 이정二丁, 원노 귀일貴一과 매득비의 혼인은 1750년에도 그대로 나오고, 1757년에는 원노 석립의 혼인과 원노 귀일의 혼인, 1762년에는 원노 험석의 혼인만 나왔다. 1750년에는 앞에서 제시한 혼인 외에 원노 소일小日과 매득비 선진先辰의 혼인이 있었고, 이는 1757년에도 중복되었다. 이 혼인에서 매득비 선진은 원래 양녀였는데 어떠한 이유인지 서원에서 매득하여 원비로 삼았다. 매득노와 원비의 혼인은 1762년에 원비 설지雪之와 매득노 권술權述의 혼인이 있었다.

원노비와 공노비의 혼인에서 원노와 공비의 혼인은 나오지 않고, 원비와 공노의 혼인은 1738년 1건, 1750년 2건, 1757년 1건이 있었다. 종모법 시행 이전에는 공노비의 혼인 중 특히 원노와 공비의 혼인이 11% 이상 차지하였으나, 자녀는 원비와 공노의 자녀만 있었고, 종모법 시행 이후에는 거의 나오지 않았다. 이 혼인에서 공노는 시노였다. 원비 금이분金伊分과 사섬시에 소속된 노 두음방斗音方의 혼인은 1738년과 1750년, 1757년 노비안에 중복해서 기재되었다. 병산서원에서는 이들의 자녀가 시노와 양처의 소생이라며 원래 시노안寺奴案에 기재되었는데, 이것이 잘못되었다고 병산서원 노비안에 기재하였다. 금이분은 양처가 아니라 원비라는 것을 노비안마다 강조하였다.

원노비와 사노비의 혼인에서 원노와 사비의 혼인은 1762년 1건이 나오고 자녀는 없었다. 원비와 사노의 혼인은 1738년 1건, 1750년 2건, 1757년 3건, 1762년 4건이 나오고 자녀는 1738년과 1750년에만 있었다. 원노비와 사노비의 혼인의 경우, 1669년에는 원비와 사노의 혼인이 32% 정도, 자녀는 전체 중 30% 정도를 차지할 정도로 많았고, 원노와 사비의 혼인은 1679년에 12건(14.1%)이 있었지만, 종모법 시행 이후로는 줄어들었다.

원노와 사비의 혼인에서 1679년에 나온 원노 계선戒先과 충주에 거주하는 김 좌랑金佐郞 댁 비와의 혼인은 1762년에도 기재되었다. 원비와 사노의 혼인에서 1679년에 나온 혼인들은 지속적으로 나왔다. 또한 1762년에 원비 덕심德心과 신 진사申進士 댁노 세태世太와의 혼인이 있었다. 이처럼 사노비의 소속은 대부분 기재되었다. 또한 한 가족 내에서 사노비와 혼인이 있었는데, 사노비와 혼인한 원노 계선과 원비 윤분允分은 남매였다.

신분이 다른 상대와의 혼인에서 원노와 양녀의 혼인은 원비와 미상의 혼인 다음으로 많았지만, 전체에서 차지하는 비중은 혼인이 5% 정도, 자녀 역시 5% 정도였다. 이 중 1750년 노비안에는 원노 임봉壬奉이 양녀와 혼인하여 자녀를 낳았고, 첫째 아들 말창丑昌 역시 양녀와 혼인하는 등 한 가족이 대를 이어서 양녀와 혼인한 내용이 기재되었다. 원비와 양인의 혼인은 종모법 이후에는 나오지 않았다.

원비와 양반의 혼인은 원비 순분順分과 양반의 혼인만 나온다. 순분은 영양에서 오 좌수吳座首의 첩이 되어 아들 한 명을 낳았다. 1762년에도 순분과 그의 가족이 나오는데, 첫째 딸 함희咸希는 영양 오 생원 댁의 노 임진에게 방매되었다. 여기에서 오 생원은 오 좌수와 같은 사람이다. 순분과 오 좌수의 아들은 1762년에는 나오지 않기 때문에 이미 사망하였다고 할 수 있다. 비와 양반 사이에서 태어난 자녀들은 모두 어머니의 신분과 역을 따라야 했고, 여기에서는 자녀들이 모두 서원 소속이 되었다. 서원에서는 오 생원에게 오 생원의 딸을 판 것이었다.

병산서원 노비의 혼인은 원비와 미상의 혼인 및 이들의 자녀가 가장 많았고, 다음은 원노와 양녀의 혼인 및 이들의 자녀였다. 원노비와 공사천의 혼인 및 이들의 자녀는 점차 줄어들었다. 18세기 초반에는 1731년 종모법의 시행과 무관하게 원노와 양녀의 혼인 및 이들의 자녀가 많이 나왔지만, 18세기 중반으로 갈수록 점차 줄어들었다. 19세기가 되면 다른 혼인 관계는 사라지고 미상과 원비의 혼인만 남았다.

종모법 전후 병산서원 노비의 혼인 및 자녀의 특징을 비교해 보자.

종모법 이전	종모법 이후
- 원비와 미상의 혼인이 가장 많음 - 17세기 후반부터 다양한 혼인 관계와 이들의 자녀들이 나오기 시작함 - 원비와 사노의 혼인 및 이들의 자녀가 많아짐 - 원노의 경우 혼인 상대가 같은 서원의 비나 양녀인 경우가 많았음 - 원노와 공사비와의 혼인도 있었으나 자녀는 노비안에 기재되지 않음	- 원비와 미상의 혼인 및 이들의 자녀가 가장 많음 - 다음은 원노와 양녀의 혼인 및 이들의 자녀임 - 원노비와 공사천의 혼인 및 이들의 자녀는 점차 줄어듦 - 원노와 양녀의 혼인은 18세기 중반으로 갈수록 점차 줄어듦 - 19세기에는 원비와 미상의 혼인만 남음

표 8 종모법 전후의 병산서원 노비의 혼인 및 자녀 비교

도산서원·옥산서원·병산서원 노비의 배우자와 자녀에 대해 정리하면 다음과 같다. 종모법 이전인 17세기 초반에는 도산

서원에서, 1663년에는 병산서원에서 다양한 혼인 관계가 있었다. 옥산서원에서는 대체로 원비와 미상의 혼인이 있었다. 그러다가 18세기로 갈수록 다양한 혼인 상대가 나타나면서 원비와 미상의 혼인 및 자녀의 비중은 점차 줄어들었지만, 이들이 전체에서 차지하는 비중은 여전히 가장 많았다.

원비와 사노의 혼인 및 이들의 자녀들은 대체로 원비와 미상의 혼인 다음으로 많았다. 이 혼인은 서원과 사노의 주인이 밀접한 관계가 있어야 가능한 혼인이었다. 옥산서원에서는 예외적으로 1696년에 원비와 미상의 혼인보다 원비와 사노의 혼인이 더 많았다. 18세기 초반까지는 서원에서 노비 수를 늘리기 위해 원노와 양녀의 혼인보다 원비와 사노의 혼인을 선호하였지만, 차츰 원노와 양녀의 혼인 쪽으로 변화하였다. 1708년 도산서원 노비안부터는 원노와 양녀의 혼인 및 이들의 자녀가 원비와 사노의 혼인보다 더 많아지기 시작하였다.

원비와 양인의 혼인의 경우, 17세기에는 도산서원과 병산서원에서 차지하는 비중이 높았다. 도산서원은 원비와 미상의 혼인, 원노와 원비의 혼인 다음으로 많았고, 병산서원은 원노와 양녀의 혼인보다 더 많았다.

원노비와 공노비, 원노비와 사노비의 혼인도 존재하였는데, 앞에서 언급했듯이 원비와 사노의 혼인이 많았다. 원노비와 혼인한 사노비와 시노비는 소속을 기재하기도 하였다. 한편 옥산서원에서는 원노와 공비의 혼인은 없었다.

　다른 서원의 노비와 혼인하는 경우, 병산서원 비는 이산서원 노와 혼인하였고, 도산서원 노비는 역동서원 노비와 혼인하기도 하였다. 한편 병산서원 비 중에는 두 번 혼인하는 경우도 있었다.

　1731년 종모법 이후에도 원비와 미상의 혼인과 이들의 자녀는 어느 서원이나 관계없이 가장 많았고, 다음은 원노와 양녀의 혼인 및 이들의 자녀였다. 원노와 양녀의 혼인으로 태어난 자녀들은 양인이 되어야 했지만 서원노비가 되었고, 18세기 후반에는 이 혼인이 줄어들면서 이들의 자녀 역시 줄어들었다. 또한 원노와 미상의 혼인에서 미상은 양녀일 가능성이 높았는데, 이는 도산서원과 옥산서원의 노비를 통해서 알 수 있었다. 반면 원비와 양인의 혼인은 병산서원에는 없었고, 나머지 서원에서도 거의 나오지 않았다.

　원노비와 공사노비와의 혼인은 이전 시기보다 줄어들거나 나타나지 않는 경우가 있었다. 도산서원에서는 18세기에는 공노와 원비, 19세기에는 원노와 공비의 혼인이 없었고, 옥산서원에서는 원노와 공비의 혼인이 없었다.

　두 번 이상 혼인한 노비도 있었는데, 도산서원에는 1861년에 두 번 혼인한 비들이 가장 많았고, 옥산서원에도 있었다.

한편 도산서원에는 역노와 원비의 혼인과 자녀들에 대한 내용이 있었다. 도산서원과 역노 사이에 소송이 있었고, 판결은 역노와 원비의 자녀 중 아들은 역에 속한다고 하면서도 도산서원에 가서 확답을 받으라고 하였다.

19세기에 들어가면 다른 혼인 관계는 거의 사라지고 원비와 미상의 혼인만 남게 되었으며, 시간이 지날수록 종모법이 서원에 미치는 영향이 더욱 강화되어서 원노를 중심으로 한 혼인 관계는 점차 사라졌다.

노비 가계의 지속성

가족의 형태는 보통 세대 유형별 가족과 결합 형태별 가족으로 나누어 볼 수 있다. 세대 유형별 가족은 혈연적으로 이어지는 연결을 강조한 것으로 부모와 자녀, 형제 관계를 확인할 수 있고, 결합 형태별 가족으로는 실제로 같은 지역에서 함께 거주한 가족을 알 수 있다. 공노비와 사노비의 가족은 대체로 부모와 자녀로 이루어진 2세대가 가장 많았고, 1세대 역시 많은 수를 차지하였다. 공노비 중 관노비는 3세대 이상인 확대가족

형태도 많았다. 사노비는 상속이나 매매 등으로 가족이 흩어질 확률이 높았고, 18세기부터 노비 가족 유지가 어려워졌다. 따라서 노비 가족의 지속은 전체 노비 수와 상속자의 수, 혼인 상대의 변화 등에 따라 달라질 수 있었다.

여기에서는 서원노비들이 대를 이어서 같은 소속의 노비로 지속적으로 존재했는지의 여부를 살펴보고자 한다. 따라서 앞에서 서원노비의 배우자와 자녀에 대해 살펴본 도산서원·옥산서원·병산서원 노비의 세대 유형별 가족을 분석하겠다. 또한 이를 기본으로 하여 각 서원에 나타나는 노비 가족 중 지속적으로 유지되는 가계를 중심으로 대표적인 사례를 살펴보겠다. 이를 통해 서원노비의 가족이 어느 정도 지속적으로 서원 소속의 노비로 유지되었는지를 확인할 수 있다. 서술 순서는 세대 유형별 가족을 파악할 수 있는 가장 빠른 시기의 자료가 있는 서원부터 언급하겠다.

옥산서원의 세대 유형별 노비 가족은 다음과 같다.

세대 연도	1세대	2세대	3세대	4세대	합	세대 연도	1세대	2세대	3세대	4세대	합
1629	2 (15.4%)	7 (53.8%)	4 (30.8%)	0	13	1758	17 (19.5%)	43 (49.4%)	24 (27.6%)	3 (3.5%)	87
1696	15 (40.5%)	20 (54.1%)	1 (2.7%)	1 (2.7%)	37	1762	16 (23.2%)	43 (62.3%)	10 (14.5%)	0	69
1708	22 (31.9%)	38 (55.1%)	9 (13.0%)	0	69	1774	27 (33.8%)	50 (62.5%)	2 (2.5%)	1 (1.7%)	80

	1세대	2세대	3세대	4세대	계		1세대	2세대	3세대	4세대	계
1717	27 (33.3%)	43 (53.1%)	11 (13.6%)	0	81	1780	29 (35.8%)	46 (56.8%)	5 (6.2%)	1 (1.2%)	81
1723	41 (48.2%)	39 (45.9%)	5 (5.9%)	0	85	1789	27 (33.8%)	46 (57.5%)	6 (7.5%)	1 (1.2%)	80
1744	26 (27.4%)	40 (42.1%)	25 (26.3%)	4 (4.2%)	95	1801	18 (23.4%)	53 (68.8%)	5 (6.5%)	1 (1.3%)	77
1747	20 (21.3%)	48 (51.1%)	20 (21.3%)	6 (6.3%)	94	도합	287 (30.3%)	516 (54.4%)	127 (13.4%)	18 (1.9%)	948

(단위: 가구)

표 9 옥산서원의 세대 유형별 노비 가족

각 시기에 나오는 옥산서원 노비 가족을 합하면 948가구가 있었다. 2세대가 516가구(54.4%)로 가장 많았고, 다음은 1세대 287가구(30.3%)였다. 이 외에 3세대 127가구(13.4%), 4세대 18가구(1.9%)가 있었다. 대체로 1세대와 2세대에 집중되었는데, 이는 공·사노비의 경우와 비슷하다.

노비 수가 적은 1629년과 1696년을 제외하면 1744년에 95가구로 가장 많았다. 1717년부터 1758년까지는 대체로 80여 가구에서 90여 가구를 유지하였다.

전 시기 중에서 1세대는 1723년에 41가구(48.2%), 2세대는 1801년에 53가구(68.8%), 3세대는 1744년에 25가구(26.5%), 4세대는 1747년에 6가구(6.3%)로 가장 많았다. 1723년에 1세대가 가장 많이 나온 이유는, 원저 노비를 기재할 때 원노와 배우자만 기록하고 이들의 자녀는 언급하지 않았기 때문이다. 이들의 자녀는 이후 노비안에 나오는 경우도 있었다.

【표 9】는 각 시기에 중복되는 노비 가족도 포함되었기 때문에, 이를 제외하고 연결되는 노비들을 합친 실제 가족은 1세대 48가구(28.2%), 2세대 75가구(44.1%), 3세대 33가구(19.4%), 4세대 10가구(5.9%), 5세대 3가구(1.8%), 6세대 1가구(0.6%), 도합 170가구이다. 2세대·1세대·3세대·4세대·5세대·6세대 순서로 이루어졌다. 1세대 가족은 2세대나 3세대로 확장되기도 하였지만, 1세대가 계속 유지되기도 하였고, 3세대 이상은 2세대가 확장되어 이루어지기도 하였다. 옥산서원의 노비 가족 중 가장 오랫동안 지속된 가족은 6세대까지 있었는데, 옥산서원의 노비 관련 자료가 18·19세기 초까지 남아 있었기 때문에 오랫동안 지속되는 노비 가족의 세대를 추적할 수 있었다.

옥산서원 노비 가족은 1세대에서 3세대까지가 전체의 90% 이상이었기 때문에 연속적으로 이어지는 노비 가족이 뒤에 나오는 병산서원이나 도산서원보다 많지 않았다. 따라서 원비 중심의 가계와 원노 중심의 가계를 각각 하나씩 살펴보았다.

【그림 17】은 6세대인 원비 금대 가족의 가계도이다. 원비 금대는 5명의 자녀를 낳았는데, 이 중 첫째 딸 계양의 자녀들과 후손들이 있었다.

이 가족의 혼인 관계는 원비와 미상, 원비와 사노의 혼인이

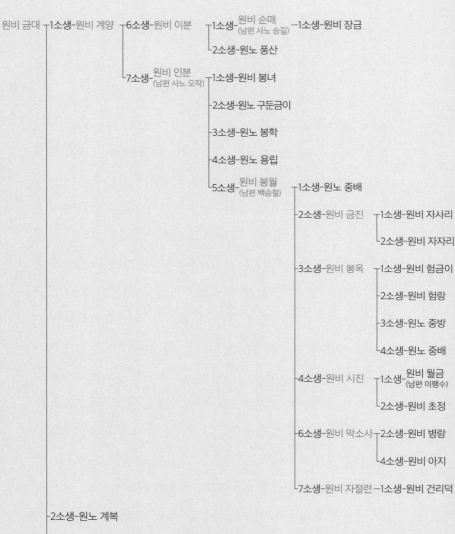

옥산서원 원비院婢 금대今代의 가계도

있었다. 대부분 원비와 미상의 혼인 및 이들의 자녀가 많았다. 또한 원비 인분의 다섯째 딸 봉월은 백승철과, 원비 시진의 첫째 딸 월금은 이팽수와 혼인하였는데 이들은 이름만 기재되었고 신분은 알 수 없었다. 원비 이분의 첫째 딸 순매는 사노 승길과, 원비 계양의 일곱째 딸 인분은 사노 오작과 혼인하였는데, 사노의 이름을 밝혔다. 거주 지역별로 살펴보면, 원비 금대와 자녀들은 모두 원저에 거주하였다. 이 외에 원비 봉월의 둘째 딸 봉옥과 자녀들은 안동에, 원비 봉월과 그의 나머지 자녀들 및 손자녀들은 모두 울산에 거주하였다.

【그림 18】은 5세대인 원노 시남 가족의 가계도로, 원노 시남과 양녀 사옥의 자녀 및 이들의 후손들이 있었다. 이 가족은 모두 원저에 거주하였다.

이 가족의 혼인 관계는 원비와 미상, 원노와 원비, 원노와 양녀의 혼인이 있었다. 앞에서 살펴보았듯이 원비와 미상의 혼인이 가장 많았는데, 원비의 배우자 이름만 나오는 경우는 없었다. 원노와 원비의 혼인의 경우 원노 시남의 둘째 아들 남금과 원비 시월, 남금의 셋째 아들 유만과 원비 덕분이 혼인하였다. 원노 유만 쪽으로는 자녀가 기재되지 않았지만, 원비 덕분 쪽으로는 자녀가 기재되었기 때문에 시남의 가계에 포함시켰다.

원노와 양녀의 혼인에서 남금은 원노 시남과 양녀의 소생이

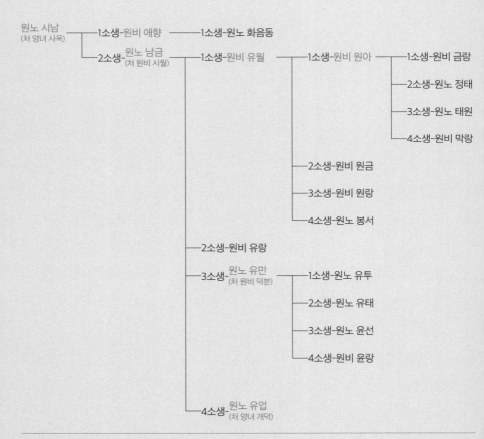

원노 시남
(처 양녀 사옥) ──── 1소생-원비 애향 ──────── 1소생-원노 화음동

                ──── 2소생- 원노 남금
                         (처 원비 시월) ──── 1소생-원비 유월 ──── 1소생-원비 원아 ──── 1소생-원비 금랑

                                                                                        ──── 2소생-원노 정태

                                                                                        ──── 3소생-원노 태원

                                                                                        ──── 4소생-원비 막랑

                                                                     ──── 2소생-원비 원금

                                                                     ──── 3소생-원비 원랑

                                                                     ──── 4소생-원노 봉서

                                        ──── 2소생-원비 유랑

                                        ──── 3소생- 원노 유만
                                                        (처 원비 덕분) ──── 1소생-원노 유투

                                                                         ──── 2소생-원노 유태

                                                                         ──── 3소생-원노 윤선

                                                                         ──── 4소생-원비 윤랑

                                        ──── 4소생- 원노 유업
                                                        (처 양녀 개덕)

그림 18 옥산서원 원노院奴 시남是男의 가계도

었고, 남금의 넷째 아들 유업도 양녀 개덕과 혼인하였다. 원노와 양녀의 혼인은 아버지와 아들이 대를 이어서 하는 경우가 있었고, 자녀들 역시 연속적으로 나왔다.

【그림 17】의 원비 금대 가족의 경우, 원비와 미상, 원비와 사노의 혼인만 있었고, 사노는 반드시 이름을 밝혔다. 또한 원비의 배우자 이름만 나오는 경우도 있었다. 한편 【그림 18】의 원노 시남 가족의 경우, 원비와 미상의 혼인뿐만 아니라 원노와 원비, 원노와 양녀의 혼인도 있었다. 또한 원노와 양녀의 혼인을 제외하면 원노의 가계 계승은 보이지 않았다. 이들은 대체로 원저에 많이 거주하였고, 울산과 안동에도 있었다.

다음은 병산서원의 세대 유형별 노비 가족을 살펴보겠다.

연도 \ 세대	1세대	2세대	3세대	4세대	5세대	6세대	합
1663	5 (19.2%)	8 (30.7%)	6 (23.1%)	3 (11.5%)	4 (15.5%)	0	26
1666	6 (31.5%)	5 (26.3%)	5 (26.3%)	2 (10.5%)	1 (5.4%)	0	19
1669	6 (31.5%)	4 (21.1%)	4 (21.1%)	4 (21.1%)	1 (5.2%)	0	19
1679	6 (24.0%)	6 (24.0%)	7 (28.0%)	4 (16.0%)	1 (4.0%)	1 (4.0%)	25
1738	8 (17.4%)	12 (26.1%)	11 (23.9%)	14 (30.4%)	0	1 (2.2%)	46
1750	4 (12.9%)	9 (29.0%)	6 (19.3%)	10 (32.2%)	2 (6.6%)	0	31
1757	3 (8.1%)	13 (35.2%)	7 (18.9%)	11 (29.7%)	3 (8.1%)	0	37

1762	1 (6.3%)	4 (24.9%)	3 (18.8%)	6 (37.4%)	1 (6.3%)	1 (6.3%)	16
1841	0	20 (55.5%)	16 (44.5%)	0	0	0	36
1853	0	25 (80.6%)	6 (19.4%)	0	0	0	31
도합	39 (13.6%)	106 (37.1%)	71 (24.8%)	54 (18.9%)	13 (4.5%)	3 (1.1%)	286

(단위: 가구)

표 10 병산서원의 세대 유형별 노비 가족

병산서원 노비안의 각 시기에 나온 가족을 합하면 286가구가 있다. 이 중 2세대가 106가구(37.1%)로 가장 많았고, 다음은 3세대 71가구(24.8%), 4세대 54가구(18.9%), 1세대 39가구(13.6%), 5세대 13가구(4.5%), 6세대 3가구(1.1%)였다. 앞의 옥산서원과는 달리 3세대와 4세대의 비중이 높고 1세대가 낮았으며, 비슷한 시기의 옥산서원과 비교해 보면 각 시기의 가족 자체가 적었다.

1663년부터 이미 5세대까지의 가족을 찾을 수 있었고, 18세기까지 최대 4세대에서 6세대의 가족이 지속적으로 나왔다. 한편 19세기에는 2세대와 3세대 가족만 있었는데, 2세대가 더 많았다. 1663년에서 1669년까지는 중복되는 노비 가족들이 많았다. 특히 1666년과 1669년에는 전체 가족은 19가구로 같았고, 각 세대별 가족도 차이가 많이 나지 않았으며, 1세대가 다른 세대보다 더 많았다. 1663년에는 5세대가 4가구였는데 1666년과

1669년에 1가구로 줄어든 이유는 1663년에 나온 부모 세대가 1666년과 1669년 노비안에는 나오지 않았기 때문이지만, 그 이후로는 부모 세대가 다시 등장하여 나중에 이 가족은 9세대까지 확장된 모습을 보였다.

1679년부터 6세대 가족이 처음 나오기 시작하였고, 1738년과 1762년에도 있었다. 18세기에는 대체로 4세대가 가장 많았고, 다음은 2세대와 3세대 순이었다. 특히 1738년의 4세대 비중이 높았는데, 이는 앞 시기와 연결되는 노비들이 많았기 때문이다. 1841년에는 2세대와 3세대의 비중이 비슷하였지만, 1853년에는 2세대만 집중적으로 있었다.

병산서원의 세대 유형별 노비 가족 전체 가구 수는 옥산서원보다 훨씬 적었다. 이는 옥산서원에 2세대와 1세대 가족이 많은 반면, 병산서원에는 3세대 이상의 가족들이 많았기 때문이다. 17세기에는 1세대의 비중이 높았지만, 18세기에는 3세대와 4세대가 많았으며, 19세기에는 2세대가 많이 있었다.

각 시기에 중복되는 노비 가족을 제외하고 연결되는 노비들을 합친 실제 가족은, 1세대 15가구(22.0%), 2세대 27가구(39.8%), 3세대 12가구(17.6%), 4세대 6가구(8.8%), 5세대 3가구(4.4%), 6세대 2가구(2.9%), 7세대와 8세대, 9세대는 각각 1가구씩(1.5%) 있었고, 다 합하면 68가구이다. 2세대가 가장 많고 다음은 1세대

이며, 3세대부터 순서대로 그 수가 줄어들었다. 7·8·9세대가 각각 1가구씩 있었다는 것은 1663년부터 1762년까지 연결되는 노비 가족이 많았다는 것을 의미한다.

　원비 칠금의 가족은 9세대까지, 원비 옥개의 가족은 8세대까지, 원비 칠비의 가족은 7세대까지 있었고, 이 가계 안에 수많은 가족이 있었다. 시기별로 분석할 때에 많은 비중을 차지한 3세대와 4세대 가족들을 연결하니, 7·8·9세대 가계 안에 포함되었다. 앞의 옥산서원과 비교해 보면 1세대에서 3세대까지의 비중은 적었지만 4세대 이상은 더 높았고, 약 200여 년 가까이 되는 기간 동안 가장 오랫동안 지속된 가족은 9세대까지 있었다.

　【그림 19】는 7세대인 원비 칠비 가족의 가계도이다. 원비 칠비는 원비 2명을 낳았는데, 이들의 후손들이 노비안에 기재되었다.

　이 가족의 혼인 관계는 원비와 미상, 원노와 미상, 원노와 원비, 원노와 공비, 원노와 사비, 원노와 양녀, 원비와 사노, 원비와 양인의 혼인 등 다양하게 있었다. 앞의 옥산서원과 마찬가지로 원비와 미상의 혼인 및 이들의 자녀가 가장 많았다. 원노와 미상의 혼인에서 원노 실분의 둘째 아들 제복은 자녀 2명이 있었다. 원노와 원비의 혼인에서 원비 엇분의 둘째 딸 이화는 원노 권봉과 혼인하였고 딸 이녀를 낳았다. 권봉은 원비 응개의

첫째 아들로 노비안에 지속적으로 나오지만, 혼인 관계와 자녀
는 권봉의 아내 이화를 중심으로 기재되었다.

원노와 공비의 혼인에서 원비 희춘의 여섯째 아들 일천은
시비 막녀와, 일곱째 아들 애원은 내비 승매와 혼인하였다. 또
한 원비 춘이의 둘째 아들 엇금은 예천의 시비 상녀와 혼인하였
다. 이들의 자녀는 모두 어머니 쪽에 속하였기 때문에 노비안에
나오지 않았다. 한편 원노 일천은 자신의 신공을 대신할 매납비
오녀가 있었고, 원노 애원 역시 자신의 신공을 대신할 매득노
희동이 있었다. 이처럼 서원에서는 원노 일천과 원노 애원의 공
비와의 혼인으로 인해 서원에 손해가 되자 매납비와 매득노로
손해를 메우고자 하였다.

원노와 사비의 혼인에서 원노 사복은 사비 말춘과 혼인하였
고, 자녀 역시 노비안에 기재되었다. 이들은 모두 김씨 성을 가
진 안동 수동의 사비 말춘의 주인집에 거주하였다.

원비와 사노의 혼인에서 원노 돌복의 4명의 딸 중 첫째 금대
는 사노 계복과, 셋째 금월은 사노 둔이와 혼인하였다. 원비 엇
분의 셋째 딸 이옥은 단양에 거주하는 양반집의 사노 귀봉과,
원비 개분의 셋째 딸 팔분은 서울에 살고 있는 사노 사산과 혼
인하였다. 이를 보면 원비 중에는 단양과 서울 등 다른 지역에
거주하는 사노와도 혼인하는 경우가 있었고, 이들의 후손은 노

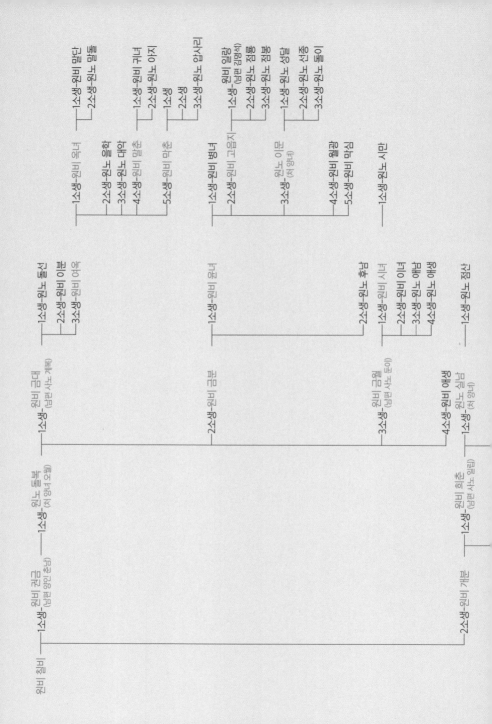

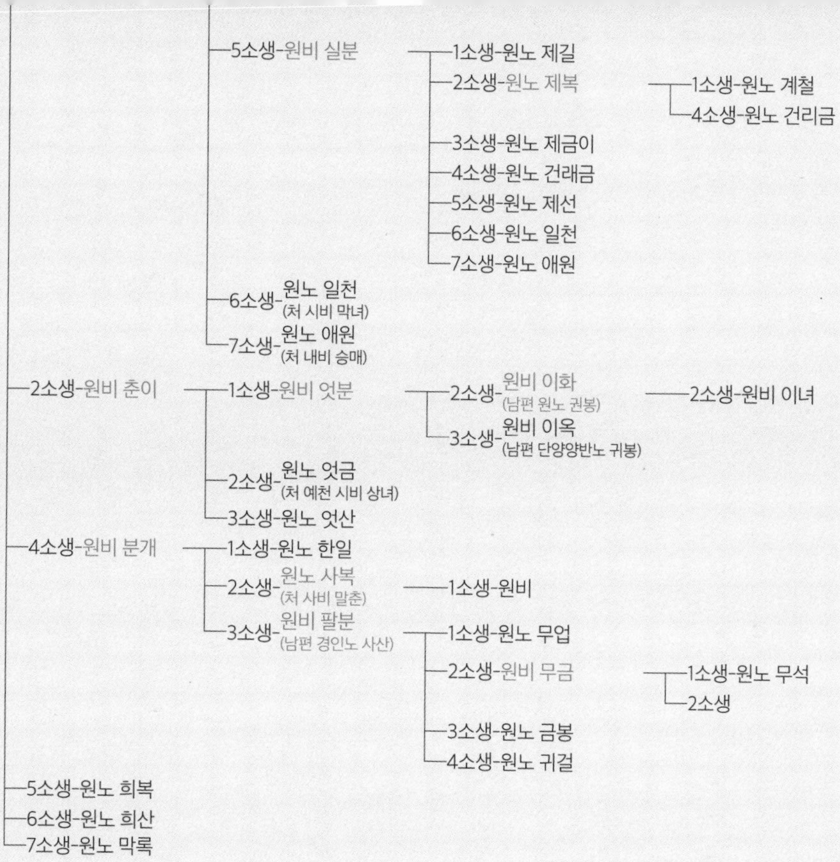

1소생-원노 계철
4소생-원노 건리금

2소생-원비 이녀

1소생-원노 무쇠
2소생

1소생-원노 제길
2소생-원노 제복
3소생-원노 제금이
4소생-원노 건리금
5소생-원노 제선
6소생-원노 일천
7소생-원노 애원

원비 이화
(남편 원노 권봉)
2소생-원비 이옥
3소생-(남편 단양원비노 귀쟁)

1소생-원비
1소생-원노 무금
2소생-원비 무금
3소생-원노 금봉
4소생-원노 거글

5소생-원비 실문

6소생-원노 일천
(처 시비 막녀)
7소생-원노 애원
(처 내비 승매)
1소생-원비 엇분

원노 엇금
(처 애천 시비 성녀)
2소생-원비 엇금
3소생-원노 엇산

1소생-원노 한일
원노 서복
2소생-원노 서복
(처 새비 말춘)
3소생-(남편 경인노 사산)
원비 팔문

2소생-원비 춘이

4소생-원비 분개

5소생-원노 희복
6소생-원노 희산
7소생-원노 막복

그림19 벙산서원 원비 칠비(七婢)의 가계도

비안에 기재되었다.

한편 원비 개분의 첫째 딸 희춘 역시 사노 일립과 혼인하였고, 희춘의 첫째·여섯째·일곱째 아들은 각각 양녀, 시비, 내비와 혼인하였다. 부모와 아들들이 모두 다른 소속의 상대와 혼인한 것이다.

원노와 양녀의 혼인에서 원비 권금의 첫째 아들 돌복은 양녀 오월과, 원비 윤녀의 셋째 아들 이문은 이름을 모르는 양녀와, 원비 희춘의 첫째 아들 실남 역시 이름을 모르는 양녀와 혼인하였고 자녀와 후손까지 기재되었다.

원비와 양인의 혼인에서 원비 칠비의 첫째 딸 권금은 양인 춘남과 혼인하였고, 권금의 첫째 아들 돌복 역시 양녀 오월과 혼인하였다. 이 가족은 서원노비와 양인의 혼인으로 가계가 이어진 것이다.

거주 지역별로 살펴보면, 원비 칠비와 첫째 딸 권금, 권금의 첫째 아들 돌복은 원저에, 원비 칠비의 둘째 딸 개분의 가족들은 안동에 거주하였다. 돌복의 첫째 딸 금대와 자녀들은 풍기에, 금대의 셋째 딸 여옥의 자녀들은 영주와 봉화에 흩어져 거주하였다. 돌복의 둘째 딸 금분의 가족들은 안동에, 돌복의 셋째 딸 금월의 자녀들은 원저에 거주하였다. 칠비의 둘째 딸 개분의 가족 중에는 둘째 딸 춘이의 가족들만 대체로 원저에 거주하였고, 나머지는 안동에 있었다. 칠비의 가족들은 대부분 원저와 안동에 거주하였고, 풍기로 옮긴 가족들은 영주와 봉화 등에 나뉘어서 살았다.

칠비의 가족들은 원비와 미상, 원노와 양녀, 원비와 사노 등의 혼인으로 가족이 이어졌다. 대체로 원비를 중심으로 한 혼인 관계가 많았다. 칠비의 가족들은 처음에는 원저에 살다가 안동, 풍기, 영주로 이동하기도 하였다. 이 가족이 거주한 지역은 대체로 원저와 경상도 북부 지역이었다.

도산서원의 경우, 다른 서원보다 자료가 많기 때문에 18세기와 19세기를 나누어서 세대 유형별 노비 가족을 살펴보기로 하겠다.

세대 연도	1세대	2세대	3세대	4세대	5세대	6세대	7세대	합
1700	1 (1.3%)	38 (48.7%)	27 (34.6%)	11 (14.1%)	1 (1.3%)	0	0	78
1708	3 (4.6%)	22 (33.3%)	19 (28.8%)	15 (22.7%)	7 (10.6%)	0	0	66
1715	2 (1.9%)	46 (43.0%)	30 (28.0%)	25 (23.4%)	4 (3.7%)	0	0	107
1737	2 (5.3%)	24 (63.1%)	10 (26.3%)	2 (5.3%)	0	0	0	38
1743	1 (0.5%)	94 (46.3%)	82 (40.4%)	24 (11.8%)	2 (1.0%)	0	0	203
1747	3 (1.4%)	99 (41.7%)	93 (39.2%)	38 (16.0%)	4 (1.7%)	0	0	237
1759	12 (5.0%)	112 (47.1%)	93 (39.0%)	20 (8.4%)	1 (0.5%)	0	0	238

	1세대	2세대	3세대	4세대	5세대	6세대	7세대	도합
1795	10 (3.0%)	166 (50.3%)	104 (31.5%)	42 (12.7%)	7 (2.1%)	1 (0.4%)	0	330
1798 이후	0	167 (68.1%)	69 (28.1%)	9 (3.8%)	0	0	0	245
도합	34 (2.2%)	768 (49.8%)	527 (34.1%)	186 (12.0%)	26 (1.7%)	1 (0.2%)	0	1,542
1819	3 (1.6%)	51 (28.4%)	72 (40.0%)	46 (25.6%)	8 (4.4%)	0	0	180
1828	0	86 (30.4%)	93 (32.8%)	92 (32.5%)	11 (3.9%)	1 (0.4%)	0	283
1833	0	52 (27.9%)	55 (29.5%)	57 (30.6%)	21 (11.3%)	1 (0.7%)	0	186
1843	0	38 (21.5%)	55 (31.1%)	60 (33.9%)	18 (10.2%)	5 (2.8%)	1 (0.5%)	177
1861	0	25 (24.7%)	27 (26.7%)	27 (26.7%)	15 (14.8%)	7 (7.1%)	0	101
도합	3 (0.3%)	252 (27.2%)	302 (32.5%)	282 (30.4%)	73 (7.9%)	14 (1.5%)	1 (0.2%)	927

(단위: 가구)

표 11 도산서원의 세대 유형별 노비 가족

　　18세기 도산서원 노비안의 각 시기에 나온 가족을 합하면 1,542가구가 있었다. 2세대가 768가구(49.8%)로 가장 많았고, 다음은 3세대 527가구(34.1%), 4세대 186가구(12.0%), 1세대 34가구(2.2%), 5세대 26가구(1.7%), 6세대 1가구(0.2%)였다. 2세대와 3세대에 집중되었고, 병산서원과 같이 1세대가 적었다. 앞의 옥산서원과 병산서원보다 가족이 적게는 2배에서 많게는 10배 이상 많았다.

　　시기별로 살펴보면, 1700년부터 5세대 가족까지 나오기 시작하였고, 1795년에는 6세대 가족까지 나타났다. 2세대는 18세기 모든 노비안에서 가장 많은 비중을 차지하였고, 1747년 노비안에는 2세대와 3세대의 비중 차이가 약 2% 정도로, 18세기의 다른 노비안과 비교해 보면 가장 차이가 적었다.

18세기의 경우 전체 가족별로는 1세대는 1759년에, 2세대는 1798년 이후, 3세대와 4세대는 1795년, 5세대는 1708년과 1795년에 가장 많이 나왔다. 특히 1795년에는 각 세대의 비중이 18세기의 노비안 중 높은 편이었고, 총 가족도 330가구로 가장 많았다.

앞의 다른 서원들도 공통적으로 2세대의 비중이 높았지만 병산서원에는 3세대와 4세대도 많았고, 옥산서원에는 1세대가 많았다. 도산서원 역시 2세대가 가장 많았고 3세대도 많은 비중을 차지하였다.

여기에서 중복되는 노비 가족을 제외하고 연결되는 노비들을 합친 실제 가족을 살펴보면, 1세대 9가구(1.1%), 2세대 387가구(49.3%), 3세대 256가구(32.6%), 4세대 109가구(13.9%), 5세대 20가구(2.5%), 6세대 2가구(0.3%), 7세대 2가구(0.3%), 도합 785가구가 있었다. 2세대가 가장 많았고, 다음은 3세대, 4세대, 5세대, 1세대, 6세대와 7세대 순서이다. 2세대와 3세대가 많은 것은 다른 서원과 비슷하지만, 5세대가 1세대보다 많은 것과 1세대의 비중이 다른 서원보다 적은 것이 다른 서원과의 차이점이다.

실제로 18세기 도산서원의 노비 가족은 785가구보다 더 많았을 것이다. 왜냐하면 도산서원은 노비들을 지역별로 나누어서 기재하였는데, 각 시기마다 한 책씩만 남아 있었기 때문이다. 봉화 부분은 1795년에, 원저 부분은 1759년에 처음 나타나며, 영양과 진보, 영해 부분은 1747년까지만 나온다. 따라서 18세기 도산서원의 노비 가족은 기록이 중간에 끊기기도 하였다. 약 100여 년 가까이 되는 기간 동안 가장 오랫동안 지속되는 가족은 7세대까지 있었는데, 비슷한 시기의 옥산서원보다 한 세대가 더 많았다.

19세기 도산서원 노비안의 각 시기에 나온 가족을 합하면 927가구의 가족이 있었다. 3세대가 302가구(32.5%)로 가장 많았고, 4세대 282가구(30.4%)가 다음이었다. 이 외에 2세대 252가구(27.2%), 5세대 73가구(7.9%), 6세대 14가구(1.5%), 1세대 3가구(0.3%), 7세대 1가구(0.2%)의 순서였다. 앞의 다른 서원이나 18세기의 도산서원 노비 가족과 달리 3세대와 4세대가 가장 많았고, 1세대는 거의 없었다.

시기별로 살펴보면 1819년에는 5세대 가족까지 나왔고, 1843년에는 7세대가 있었다. 1819년에는 3세대의 비중이 가장 높았고, 1828년에는 3세대가 93가구, 4세대가 92가구로 거의 비슷했다. 1833년과 1843년에는 4세대의 비중이 높았고, 1861년에는 3세대와 4세대가 27가구로 같았다.

전체 가족별로는 1세대는 1819년에만 나오고, 2세대는 1828년에, 3세대와 4세대는 1828년에, 5세대는 1833년에, 6세대는 1861년에 가장 많이 나왔다. 또한 3세대와 4세대의 가족이 가장 많이 나오는 1828년에 283가구로 노비 가족이 가장 많았다.

여기에서 중복되는 노비 가족을 제외하고 연결되는 노비들을 합친 실제 가족은, 192가구의 가족 중 2세대 8가구(4.2%), 3세대 73가구(38.0%), 4세대 83가구(43.2%), 5세대 26가구(13.6%), 6세대와 8세대는 각각 1가구씩(0.5%) 있었다. 19세기 노비안에는 혈연적으로 연결되는 중복 노비들이 많았고, 1828년에 3책 완질의 노비안이 남아 있었기 때문에 그 전후의 가족을 추적할 수 있었다. 4세대가 가장 많았고, 다음은 3세대였으며, 5세대도 10% 이상이었다. 1819년에 나온 1세대는 이후 2·3세대에 포함되었기 때문에 나오지 않았다.

18세기에 2세대와 3세대가 많은 것은 다른 서원과 비슷하였지만, 4세대와 5세대가 상대적으로 많은 것과 1세대가 적은 것은 다른 서원과의 차이점이었다. 19세기에는 이러한 가족이 더욱 확장되어 3세대와 4세대의 가족이 집중적으로 나타났고, 1세대와 2세대는 거의 없었으며, 최대 8세대의 가족이 있었다. 따라서 19세기에는 도산서원의 노비가 몇몇의 가족을 중심으로 지속되었음을 알 수 있다.

　도산서원에는 다른 서원보다 관련 자료와 노비 수가 매우 많았기에 18세기에서 19세기로 이어지는 노비 가계를 살펴볼 수 있었다.

　【그림 20】은 1700-1833년 노비안에 나오는 9세대인 원비 사금 가족의 가계도이다. 18세기에는 7세대, 19세기에는 8세대까지 나왔는데, 18세기와 19세기를 연결시키면 9세대의 가계를 찾을 수 있다. 원비 사금은 시노 거마돌시와 혼인하여 9명의 자녀를 낳았는데, 그중 시비와 혼인한 첫째 아들 이생과, 사비와 혼인한 아홉째 아들 막산을 제외한 나머지 노비의 자녀 및 후손들이 있었다.

　이 가족의 혼인 관계는 원비와 미상, 원노와 양녀, 원노와 시비, 원노와 사비, 원비와 공노, 원비와 사노의 혼인 등 다양하게 있었다. 가장 많이 나오는 경우는 원비와 미상의 혼인인데, 19세기에 집중되었다.

　원노와 양녀의 혼인에서 원비 이금의 둘째 아들 돌시는 이름을 모르는 양녀와 혼인하여 2명의 자녀가 있었고, 원비 사금의 다섯째 아들 이복과 여섯째 아들 막생 역시 각각 이름을 모르는 양녀와 혼인하여 자녀를 낳았다. 이 혼인은 18세기에 있었는데, 이들의 자녀까지만 노비안에 기재되었고 그 이후의 후손들은 나오지 않았다.

　원노와 시비의 혼인의 경우 원비 사금의 첫째 아들 이생은 시비와 혼인하였지만 이들의 자녀는 나오지 않았다. 이 혼인 역시 18세기에 있었는데 자녀가 나오지 않았기 때문에 이후에 어떻게 되었는지는 알 수 없다. 원비와 공노의 혼인은 이 가계의 시작인 원비 사금이 시노와 혼인하여 9명의 자녀를 낳았고, 모두 어머니를 따라 도산서원의 소속이 되었다.

　원노와 사비의 혼인에서 원비 사금의 손자 후읍선과, 사금의 아홉째 아들 막산은 사비와 혼인하였으나 자녀는 나오지 않았다. 원비와 사노의 혼인에서 원비 사금의 셋째 딸 귀비는 사노 오십옥, 귀비의 둘째 딸 후금은 사노 돌시, 원비 사금의 손녀 한금은 사노 윤석과 혼인하였다. 원비 사금의 일곱째 딸 막진 역시 사노 매선과, 여덟째 딸 말진도 사노 사룡과 혼인하였다.

　즉 원비 사금의 후손 중 3명의 원비가 사노와 혼인하였고, 2명의 원노는 양녀와, 1명의 원노는 시비와, 또 1명의 원노는 사비와 혼인하였다. 원비 사금의 9명의 자녀 중 7명이 다양한 혼인 관계를 맺었고, 18세기에 집중적으로 나타났다.

　거주 지역별로 살펴보면, 원비 사금과 9명의 자녀들은 모두 영해에 거주하였다. 원비 사금의 첫째 손자 산립과 둘째 손자 돌시, 그리고 그의 자녀들은 영덕에 거주하였고, 나머지 자녀들은

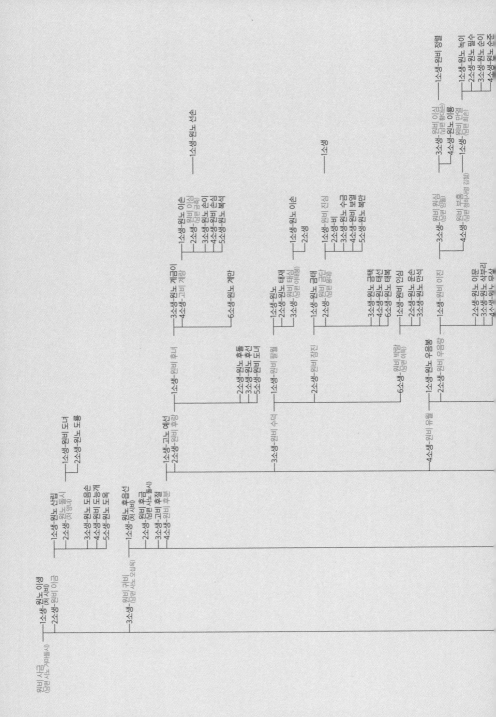

점금 ── 1소생-원노 마당
5소생-원비 점금
1소생
2소생

5소생-원노 수남
6소생-원비 점금
7소생-원노 마들

1소생-원노 윤춘
2소생-원노 윤금
3소생-원비 설립
4소생-원비 상분

5소생-원노 감동
6소생-원비 김진
7소생-원비 감춘
1소생-원비 한금(원노 사노 윤석)

4소생-원비 한진

2소생-원노 설담
3소생-원비 설녀
4소생-원비 설녀(임련 이원)
5소생-원비 설립
6소생-원비 설개
7소생-원노 막룡
1소생-원노 이봉

5소생-원노 이복(처 양녀)
6소생-원노 막생(처 양녀)

1소생-원노 이반
2소생-원비 이순
3소생-원비 막녀
6소생-원비 만경
7소생-원비 만향
8소생-원비 막랑

7소생-원노 막진(남편 사노 해산)

1소생-원비 유영
1소생-원노 병운
3소생-원비 병녀
4소생-원비 태녀
5소생-원비 태봉
6소생-원노 태이
7소생-원노 붕아
5소생-원노 붕하

2소생-원비 유분
2소생-원노 유분

8소생-원비 막진(남편 사노 서봉)

3소생-원노 상월금
1소생-원비 수영대
2소생-원비 숙향
3소생-원비 정렬

9소생-원노 막산(처 사비)

그림 20 18-19세기 도산서원 원비(院婢) 사금(士今)의 가계도

영해에 계속 있었다. 원비 사금의 셋째 딸 귀비의 자녀들도 영해에 거주하였지만, 귀비의 후손들은 모두 울진에 거주하였다.

원비 부흥과 딸 만열은 청하에 거주하였는데, 이는 원비 부흥의 혼인 상대가 청하사령이었기 때문이다. 원비 사금의 다섯째 아들 이복의 자녀도 청하에 거주하였고, 사금의 여덟째 딸 말진의 세 자녀는 평해에 거주하였다.

원비 사금의 자녀들은 대체로 원노와 양녀, 원비와 사노, 원비와 미상의 혼인을 통해 자녀들을 낳았고, 이들의 자녀들 역시 원비와 미상, 원노와 양녀, 원비와 사노 등의 혼인을 통해 자녀를 낳았다. 그러나 19세기로 갈수록 원비 중심의 가계가 이루어지고 원노는 본인만 나오는 경우가 많아졌다. 원비 사금의 가계가 9세대까지 지속되었다는 것은 도산서원 소속이 계속 유지된 서원노비들이 있었다는 것을 의미한다. 원비 사금과 그의 자녀들은 영해에 주로 거주하였고, 울진과 평해, 청하에 거주하는 노비들도 있었으며, 혼인 상대에 따라 거주 지역이 바뀌기도 하였다.

서원노비의 혼인과 가족에 대해 정리하면 다음과 같다. 대체로 원비와 미상, 원노와 양녀의 혼인으로 대를 잇는 경우가 많았다. 원노를 중심으로 한 혼인에서 가계를 존속시킬 수 있는 혼인 관계는 양녀와의 혼인이나 같은 서원의 비와의 혼인뿐이었다. 이 외의 혼인에서 태어난 자녀들은 매득의 형식을 제외하면 노비 관련 자료에 거의 나오지 않았다. 원비의 경우는 미상과의 혼인이 가장 많았고 원비가 어떤 대상과 혼인하든지 그가계는 계속 이어졌다. 19세기에 들어가면 주로 원비와 미상의 혼인만 있었다.

원노와 원비의 혼인에서 태어난 자녀들은 원비 중심의 가계에 기재되었다. 원노 중심의 가계에서는 배우자만 언급하는 정도였지만, 원비 중심의 가계에서는 배우자뿐만 아니라 이들의 자녀까지 자세하게 제시하였다. 이를 통해 서원에서는 노비의 가계를 원비 중심으로 파악하였다는 것을 알 수 있다.

원노와 사비의 혼인과, 원노와 양녀의 혼인에서는 배우자의 이름까지 쓰는 경우도 있었지만, 대부분은 신분만 제시하였다. 그러나 원비와 사노의 혼인에서 배우자인 사노는 이름까지 정확하게 밝혔다. 이 혼인은 각 서원마다 조금씩 시기가 다르기는 하지만 대체로 18세기 초·중반까지 서원의 노비 증식에 큰 도움이 되었다. 따라서 서원에서는 원비와 혼인한 사노를 파악하였고, 이는 사노를 제공해 준 사족과도 관련이 있었다.

또한 원노와 양녀의 혼인과 원비와 사노의 혼인은 가족들이 지속적으로 이어서 하는 경우가 많았다. 한번 다른 소속이나 다른 신분의 상대방과 혼인을 하는 경우, 형제자매나 자녀들이 지속적으로 이러한 혼인 관계를 유지하였다.

거주 지역의 경우, 가계의 연속성이 오랫동안 나타날수록 주로 서원 근처에 기반을 두는 경우가 많았다. 도산서원에는 예안이나 안동, 순흥, 청송, 영주 등 경상도 북부 지역에 거주하는 노비가 많았고, 영해나 청하, 울진 등에 거주하기도 하였다. 다른 서원에는 원저와 그 주변에 거주하는 노비들의 가계가 많이 있었다. 한번 어떤 지역에서 살기 시작하면 대대로 그 지역에 계속 거주하는 경우가 많았고, 주변 지역으로 옮기는 경우도 있었지만 다시 되돌아오기도 하였다.

노비의 가계 계승은 사족의 가계 계승과는 그 의미가 달랐다. 사족은 자신의 가문을 유지하고 대를 잇기 위해 혼인을 하였지만 노비에게는 이러한 이유가 없었다. 따라서 노비가 가계를 지속적으로 이어 갈 수 있었다는 것은 노비의 소속이 바뀌지 않았다는 것을 의미하며, 서원노비는 한번 서원에 속하게 되면 그 관계가 지속적으로 이어지는 경우가 많았다.

서원노비의 가계는 사노비보다 연속적으로 나타났다. 서원노비는 상속의 대상이 아니었기 때문에 주인이 바뀌어서 다른 지역으로 옮겨 가거나 가족끼리 흩어지는 경우가 적었기 때문이다. 또한 서원노비는 가족별로 파악되었다. 속량이나 매매를 할 때에도 가족별로 이루어지는 경우가 많았고, 신역이나 신공은 개별적으로 담당하였지만 차지나 시정을 통해 가족들이 공통적으로 의무를 지기도 하였다. 한 가족이 같은 지역에 거주하는 경우도 많았다. 혼인 또한 부모의 혼인 상대에 따라 자녀의 혼인 상대가 결정되는 경우가 있었다. 따라서 지속적으로 이어지는 가계가 다른 공·사노비보다 많았다.

　　서원노비와 관련한 자료들을 통해 여러 사실을 살펴볼 수 있었다. 첫째, 거주 지역의 경우, 처음에는 서원 근처에 거주하는 노비가 많았으나, 18세기에는 다른 지역까지 확장되었으며, 19세기에는 다시 서원 근처로 집중되었다. 이것은 사노비와 비슷한 양상이고, 공노비는 그 종류에 따라 거주 지역의 양상이 달랐다. 다만 도산서원의 경우, 멀리 떨어진 지역까지 노비가 거주하였는데, 그것은 도산서원의 위상이 19세기에도 여전히 유지되었다는 것을 의미하였다. 도산서원은 경상도의 대표적인 서원으로 19세기에 서원이 무분별하게 설립되는 가운데에서도 경상도 사족들의 구심점으로 기능하였을 것이다.

　　둘째, 서원노비는 대체로 농사 등의 일을 하면서 신공을 납부하였는데, 공적인 장소인 관청과 역, 교촌 등과, 사족 관련 장소인 사족 개인의 집이나 관련 장소, 다른 서원의 서원촌, 사찰 등에 거주하는 노비도 있었다. 서원노비들은 거주 장소와 관련된 일을 하면서 급여를 받았고, 그것으로 서원에 신공을 냈다. 서원노비는 거주 지역 선택이 자유로워서 신공 납부에 문제가 없다면 어느 장소에 거주하는지에 대해서 서원에서 관여를 하지 않았을 수 있다. 그러나 신공 납부에 문제가 있을 때에는 서원노비의 거주 지역을 서원 근처로 옮기기도 하였다.

셋째, 서원노비는 속량가를 감당할 수 있을 정도의 경제력을 가지고 있었다. 최대 속량가는 100냥이었지만 그보다 더 많이 내는 경우도 있었고, 한 번 속량되고 난 후에 재속량이 이루어지는 경우도 있었다. 19세기에는 속량을 하는 노비들이 많았는데, 속량가를 낼 정도로 자신의 재산을 가지고 있는 노비들이었기 때문에 실제의 삶은 일반 양인과 다를 것이 없었을 것이다. 또한 노비들이 신분 상승을 위해 속량을 하기도 하였지만, 서원의 경제적인 상황에 의해 속량되는 경우도 있었다.

넷째, 원비와 미상의 혼인이 가장 많았다. 다음은 원노와 양녀의 혼인이었는데, 이 혼인은 서원 노비를 증가시키는 주요 수단이었고, 18세기 후반까지 지속되었다. 종모법 제정 이후로는 공노비의 경우 공노와 양녀의 혼인이 많이 증가하였는데, 이는 국가에서 양인을 증가시키고자 하는 의도와 함께 공노의 자녀가 합법적으로 신분 상승을 할 수 있는 방법이었다. 사노비의 경우 사노와 양녀의 혼인 자체가 줄어들었다. 서원노비의 경우 18세기 후반까지 원노와 양녀의 혼인과 자녀가 지속되었고, 이 혼인은 노비를 증가시키는 수단이었다. 그러나 19세기에는 원노와 양녀의 혼인과 이들의 자녀는 노비안 등에 나오지 않게 되었다.

다섯째, 서원노비는 공사노비와 같이 2세대와 3세대의 가족이 많았지만, 7·8·9세대까지 이어지는 경우도 있었다. 서원노비는 사노비와는 달리 상속의 대상이 아니었기 때문에 주인이 바뀌거나 가족끼리 흩어지는 경우가 적었다. 따라서 노비 가계가 지속되는 경우가 사노비보다 많이 나타났고, 한번 서원노비가 되면 그 후손들 역시 서원노비로 존재하였으며, 특정 지역에 거주하기 시작하면 대를 이어서 지속적으로 거주하는 경우도 많았다.

따라서 서원노비는 공노비적인 측면과 사노비적인 측면을 함께 가지고 있으면서도 기존의 공·사노비와는 다른 성격을 가진 존재라고 할 수 있다.

『道南書院奴婢案』, 상주박물관 기탁 사료.

도산서원 『奴婢案』, 『身貢案』, 所志, 牒呈, 完文 등 도산서원 고문서, 한국국
　　　학진흥원 기탁 사료.

『紹修書院奴婢案』, 계명대학교 동산도서관 기증 사료.

『紹修書院謄錄』(奎古 485), 朝鮮史編修會, 1937, 서울대학교 규장각한국학연
　　　구소 소장.

권기중, 「18세기 단성현 관노비의 존재양태」, 『한국사연구』 131, 한국사연
　　　구회, 2005.

김건태, 「朝鮮後期 私奴婢 파악방식」, 『역사학보』 181, 역사학회, 2004a.

＿＿＿, 『조선시대 양반가의 농업경영』, 역사비평사, 2004b.

＿＿＿, 「18세기 중엽 私奴婢의 사회·경제적 성격: 慶尙道安東金溪里義城
　　　金氏家사례」, 『대동문화연구』 75, 성균관대학교 대동문화연구원,
　　　2011.

＿＿＿, 「19세기 공노비 후손들의 삶: 제주도 대정현 사례」, 『민족문화연구』
　　　69, 고려대학교 민족문화연구원, 2015.

김경숙, 「16, 17세기 노양처병산법(奴良妻幷産法)과 노비소송」, 『역사와 현실』
　　　67, 한국역사연구회, 2008.

김동전, 「18세기 후반 濟州地域 公奴婢의 存在樣態: 대정현 東城·中文·自
　　　丹·今勿路里 호적중초의 사례분석」, 『역사민속학』 24, 한국역사민

속학회, 2007.

김성우, 『조선중기 국가와 사족』, 역사비평사, 2000.

김소은, 「고문서를 통해본 조선시대 천첩자녀의 속량 사례」, 『고문서연구』 28, 한국고문서학회, 2006.

김영나, 「18세기 陶山書院 노비의 혼인과 가족」, 『한국서원학보』 6, 한국서원학회, 2018a.

_____, 「18세기 도산서원 노비의 身貢 납부와 면제 양상」, 『민족문화논총』 69, 영남대학교 민족문화연구소, 2018b.

_____, 『조선후기 경상도 서원노비 연구』, 박사학위논문, 경북대학교, 2019.

_____, 「17-18세기 소수서원 노비의 혼인과 가족」, 『영남학』 73, 영남문화연구원, 2020.

_____, 「17-19세기 병산서원 노비의 존재양상」, 『대동한문학』 67, 대동한문학회, 2021a.

_____, 「18세기 옥산서원 노비의 양상」, 『민족문화논총』 79, 영남대학교 민족문화연구소, 2021b.

김용만, 『朝鮮時代 私奴婢硏究』, 집문당, 1997.

김의환, 「17-19세기 진천 평산 신씨의 노비 소유와 노비의 존재양상」, 『한국학논총』 44, 국민대학교 한국학연구소, 2015.

_____, 「진천 평산 신씨 노비 가족의 존재양상: 노비의 결혼과 가계 계승을 중심으로」, 『고문서연구』 52, 한국고문서학회, 2018.

김학수, 『17세기 嶺南學派 연구』, 박사학위논문, 한국학중앙연구원, 2007.

김현영 외, 『도산서원을 통해 본 조선후기 사회사』, 한국국학진흥원 연구부 기획, 새물결, 2014.

노대환 해제, 『(國譯) 紹修書院 雜錄: 운원잡록(雲院雜錄)·잡록(雜錄)·강소잡록

(講所雜錄)』, 영주시, 2005.

도주경, 『18세기 奴婢 比摠制의 시행과 내시노비 혁파론의 대두』, 석사학위
　　　논문, 고려대학교, 2017.

＿＿＿, 「조선후기 함경도 사노비의 존재양태와 국가 정책」, 『역사와 현실』
　　　125, 한국역사연구회, 2022.

문숙자, 『조선시대 재산상속과 가족』, 경인문화사, 2004.

＿＿＿, 「16-17세기 兩班家 노비 가족의 존재 형태: 固城李氏 臨淸閣 分財
　　　記 분석을 통하여」, 『고문서연구』 32, 한국고문서학회, 2008.

＿＿＿, 「18-19세기 載寧李氏家 호구단자를 통해 본 노비 家系」, 『장서각』
　　　21, 한국학중앙연구원 장서각, 2009.

박 경, 「속량(贖良) 문서를 통해 본 17세기 조선 정부의 사노비(私奴婢) 통제
　　　양상의 변화」, 『역사와 현실』 87, 한국역사연구회, 2013.

박선이·송수경 옮김, 『국역 서원등록』 1-4, 세종대왕기념사업회, 2015.

손병규, 「조선후기 경주옥산서원의 노비경영」, 『태동고전연구』 17, 한림대
　　　학교 태동고전연구소, 2000.

＿＿＿, 「조선후기 경주(慶州) 옥산서원(玉山書院)의 원속(院屬) 파악과 운영」,
　　　『조선시대사학보』 35, 조선시대사학회, 2005.

안승준, 『조선전기 私奴婢의 사회 경제적 성격』, 경인문화사, 2007.

영남대학교 민족문화연구소 엮음, 『玉山書院誌』, 영남대학교출판부, 1993.

＿＿＿＿＿＿＿＿＿＿＿＿＿＿ 엮음, 『道東書院誌』, 영남대학교출판부, 1997.

영남문헌연구소 엮음, 『紹修書院誌』上·下, 소수서원, 2007.

우인수, 「19세기초 自如道 驛人의 구성과 그 실태: 自如道 形止案의 분석을
　　　중심으로」, 『역사학보』 201, 역사학회, 2009.

윤희면, 『조선시대 서원과 양반』, 집문당, 2004.

이광우, 「17세기 어느 校奴婢 일가의 奴婢訟을 통해 본 몇 가지 사회상」,

『영남학』70, 경북대학교 영남문화연구원, 2019.

이수환,『朝鮮後期書院硏究』, 일조각, 2001.

이정수,「조선후기 盧尙樞家 奴婢의 역할과 저항」,『지역과 역사』34, 부경
　　　역사연구소, 2014.

이혜정,『16세기 노비의 삶과 의식세계:《묵재일기》를 중심으로』, 박사학위
　　　논문, 경희대학교, 2012.

_____,「노비의 삶에 접근하는 몇 가지 방법」,『역사연구』24, 역사학연구
　　　소, 2013.

_____,「16세기 어느 도망노비 가족의 생존전략: 1578년 노비결송입안(奴
　　　婢決訟立案)을 중심으로」,『인문논총』72(4), 서울대학교 인문과학연
　　　구원, 2015.

임학성,「18세기 중엽 沙斤道 소속 驛人의 직역과 신분: 1747년 "沙斤道形
　　　止案" 자료의 분석 사례」,『고문서연구』51, 한국고문서학회, 2017.

장재천,「조선시대 성균관 노비들의 상벌 고찰」,『한국 사상과 문화』99, 한
　　　국사상문화학회, 2019.

전경목,「도망노비에 대한 새로운 시선」,『전북사학』40, 전북사학회, 2012.

전형택,「조선후기 고문서에 나타난 억역노비의 성격」,『역사학연구』17, 호
　　　남사학회, 2001.

_____,『조선 양반사회와 노비』, 문현, 2010.

정만조,『朝鮮時代 書院硏究』, 집문당, 1997.

정만조 외,『도산서원과 지식의 탄생』, 한국국학진흥원 국학연구실 기획,
　　　글항아리, 2012.

정시열 외,『조선 서원을 움직인 사람들: 퇴계와 퇴계학단과 그 네트워크』,
　　　한국국학진흥원 연구부 기획, 글항아리, 2013.

차장섭 외,『조선후기 서원의 위상: 도산서원을 중심으로』, 한국국학진흥원

연구부 기획, 새물결, 2015.

한국국학진흥원, 『陶山書院 古典籍』, 도서출판 성심인쇄, 2006.

_____,『慶北書院誌』上·下, 경상북도, 2007.

한국학중앙연구원 편집부 엮음, 『고문서집성 20: 屛山書院篇』, 한국학중앙
연구원, 1994.